sabine scheLLhorn

siegeL

Konzepte für Zeit _ Ort _ Anlass
seals for times _ places _ subjects

Dieser Katalog zeigt einen Überblick aus den Siegel-Werken von 1995 bis 2013
und erscheint anlässlich der Ausstellung »Siegel für den Pavillon«
im Gerhard-Marcks-Haus in Bremen

This catalogue presents an overview of seal-artworks from 1995 to 2013
and is published to accompany the exhibition "Seals for the Pavilion"
at the Gerhard Marcks Haus in Bremen

DIE NEUE SACHLICHKEIT
kunst | buch | verlag

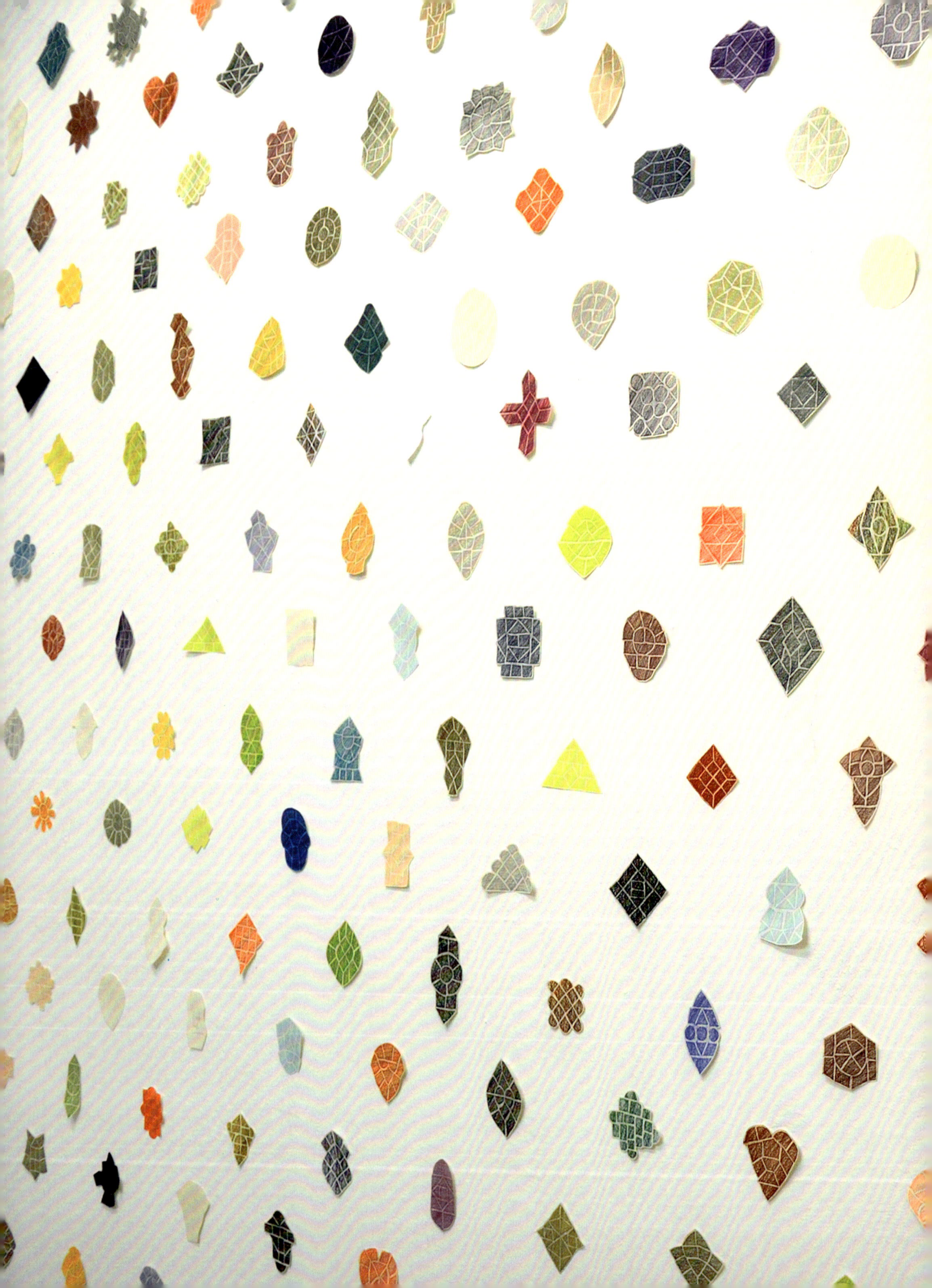

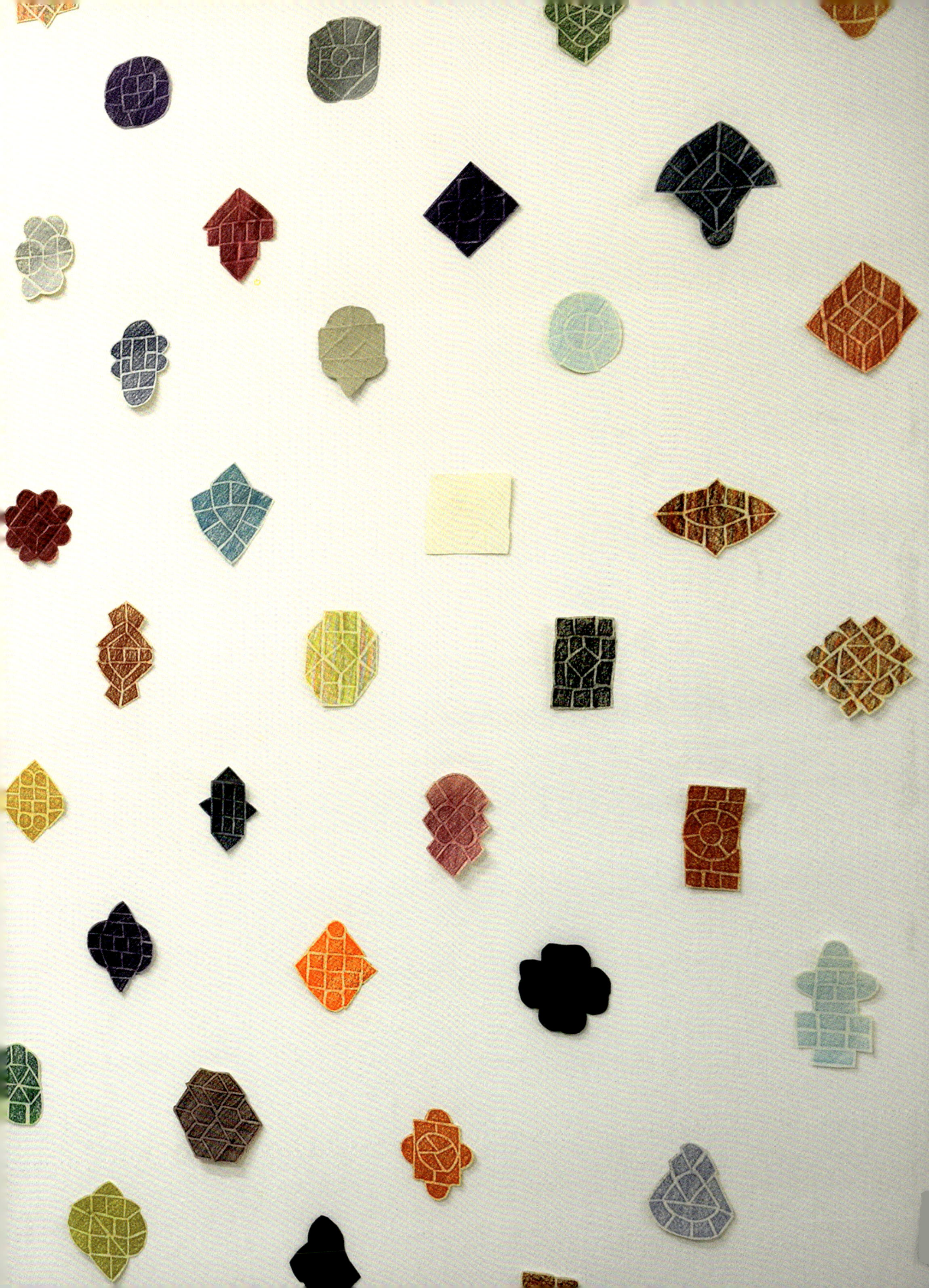

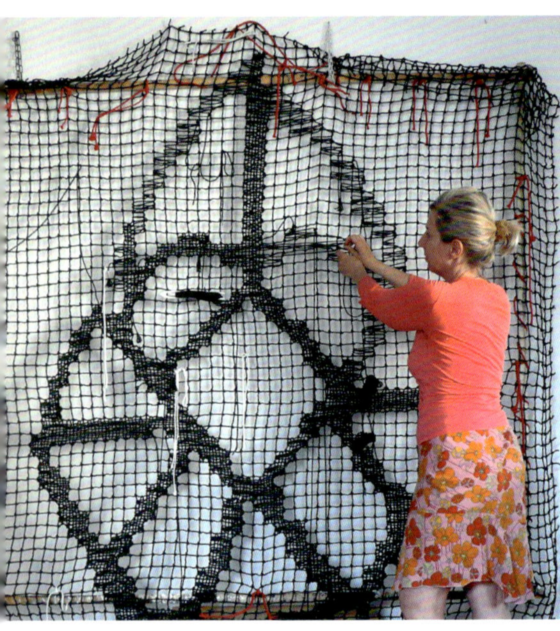

Entstehungsprozess | process of creation,
Siegel im Netz 1 | Seal in Net 1, 2011,
Filetstickerei | filet embroidery

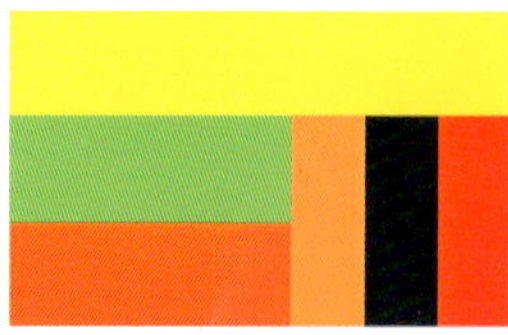

Kombi-Nationen | Combi-Nations:
Bahamas – Kasachstan |
Bahamas – Kazakhstan, 2006,
digitale Grafik | digital graphics

Litauen – Sambia |
Lithuania – Zambia, 2006

Das Ganze ist mehr als die Summe einzelner Teile Dr. Yvette Deseyve

*Das, was aus Bestandteilen so zusammengesetzt ist,
daß es ein einheitliches Ganzes bildet, nicht nach Art
eines Haufens, sondern wie eine Silbe, das ist offenbar
mehr als bloß die Summe seiner Bestandteile.* [*]

Diese Schlussfolgerung, die Aristoteles (384–322 v. Chr.)
aus seinen Beobachtungen zur Verhältnismäßigkeit
von verschiedenen einzelnen Teilen zu einem wahr-
nehmbaren Ganzen zieht, wurde Grundlage der moder-
nen Gestaltpsychologie und sie mag gleichsam als
Leitgedanke für den Zugang zu Sabine Schellhorns
künstlerischem Werk dienen.

Die sich Ende des 19. Jahrhunderts aus den Erkennt-
nissen des österreichischen Philosophen Christian
Freiherr von Ehrenfels (1859–1932) entwickelte Gestaltpsychologie geht der grundsätzlichen Frage nach, wa-
rum die menschliche Wahrnehmung bestimmte Dinge
als Einheit - als eine Gestalt - erkennt, andere Formen
dagegen nicht. Die Wissenschaftler beschrieben Me-
chanismen, nach denen die kognitive Wahrnehmung
des Menschen zu funktionieren scheint. So werden
beispielsweise zwei Halbkreise, deren gemeinsame
Basis ein Dreieck bildet, als Herz wahrgenommen; vier
herzförmige, an der Spitze zusammengeführte Formen
offenbaren sich dem Betrachter wiederum nicht als
vier einzelne Herzen, sondern als ein vierblättriges
Kleeblatt. Diese »automatische Zusammenschau«
funktioniert allerdings nur, solange die vier einzelnen
Blätter sich in Größe, Form, Farbe und Richtung nicht
wesentlich unterscheiden. Die optische Beziehung wird
sodann in eine inhaltliche Beziehung übersetzt.

Die Künstlerin Sabine Schellhorn untersucht seit
einigen Jahren die Möglichkeiten und Grenzen des
Prinzips wandelbarer Anordnungen. Ausgangspunkt
war die 1995/96 entwickelte Arbeit *365 + 1 Siegel*. Über
ein komplettes Jahr hinweg entwickelte die Künstlerin
an jedem Tag ein geometrisches Ornament, welches
für sie zum Signet desselben Tages, zu dessen »Siegel«
wurde. Immer wieder hat sie die Formen des Dreiecks,
des Halbkreises, des Quadrats und der Raute zu einer
neuen Gesamtform zusammengeführt, die - und diese
Beobachtung ist zentral für die Arbeit Schellhorns - als

jeweils regelmäßige Gesamtform in Erscheinung tritt.
Ihre gestalterische Regel folgt damit dem Prinzip der
spiegelbildlichen Gleichheit, d. h. dem Prinzip der
Symmetrie, deren inhaltliche Verbindung mit den
ästhetischen Größen Ebenmaß und Schönheit bereits
die antike Rhetorik hergestellt hatte.

Entscheidend für die künstlerische Arbeit Schellhorns
ist allerdings, dass es nicht bei einem Entwurf von
366 ästhetischen Einzelformen blieb. Es ist nicht nur
die Produktivität von 366 unterschiedlich »designten
Patterns«, die in weiteren Arbeiten fruchtbar gemacht
wird; es ist die konzeptionelle Verbindung, die die
Künstlerin zwischen einem bestimmten Entwurfsmus-
ter und jenem dazugehörigen Tag zog. Einzelformen,
Farbe und Zusammenstellung verschmolzen zu dem
identitätsstiftenden Zeichen eines Tages, werden bild-
lich gesprochen zu dessen individuellem Fingerab-
druck. In genau diesem Zusammenhang wurzeln die in
den darauf folgenden Jahren entwickelten Projekte wie
Kombi-Nationen oder *LebensMuster*.

In *Kombi-Nationen* arrangierte Sabine Schellhorn
die Elemente verschiedener Nationalflaggen neu.
Die Künstlerin sortierte jedoch nicht nur bestehende
Elemente nach ästhetischen Kriterien um, sondern entwickelte ein weiteres wichtiges Prinzip ihres Arbeitens:
das des Staffelns und Überblendens. Sie legte die Zeichen zweier Nationen übereinander und verschmolz sie
zu einer neuen »Kombi-Nation«. Aus der Kombination
Irlands und Moldaus oder der Flaggen von Kasachstan
und den Bahamas entstehen farbenfrohe Systeme,
die den schmalen Grad der Lesbarkeit ausloten. Der
Vergleich von verschiedenen Kombinationsmöglich-
keiten macht deutlich, dass eine Dechiffrierung der
Musterkombination als Flagge nur dann gewahrt
bleibt, solange die einzelnen Flaggen charakteristische
Einzelformen tragen; nähern sich beide an - wie die
Blockstreifen auf den Flaggen Litauens und Sambias -
entsteht ein abstraktes Farbkonzept, dessen Rückkopp-
lung auf das Thema Volk und Nationenbildung (im Sin-
ne des englischen »nation building«) nicht mehr mög-
lich ist. Erst im Zusammenspiel des Gesamtprojekts
erschließt sich die neue litauisch-sambische Flagge.

Zu einer erstaunlichen Komplexität hat Sabine Schellhorn die dekonstruierenden Prinzipien folgende Ana-
lyse von Einzelformen und ihre daran anschließende,
symmetrischen Regeln folgende Neukonstruktion ge-
trieben. Erst nach langem Beobachten erschließen sich
die abstrakt scheinenden *LebensMuster* als materiali-
sierter Zwischenraum von zwei gespiegelten Silhouetten. Wiederum ist es ein Phänomen der Gestaltpsychologie, welches die Künstlerin in ihrer Arbeit nutzbar
macht. Mit dem Begriff der Prägnanz wird die Tatsache
beschrieben, dass sich die menschliche Wahrnehmung
auf die Gestalt konzentriert, die sich am stärksten
vom umgebenden Grund abhebt und deren Form klar
umrissen erkennbar ist. In Schellhorns *LebensMuster*
sind es die Zwischenräume der Silhouetten, die eine
geschlossene, stark farbig gestaltete Form beschreiben.
Die Kopfform ist dagegen nur zur Hälfte angedeutet
und erschließt sich erst bei einer bewussten Konzen-
tration auf die neutral weiße Fläche des Grunds. Erneut
belässt Schellhorn es nicht bei einem bloßen Spiel von
Form und Wahrnehmung, sondern koppelt die Schat-
tenrisse auf die menschliche Existenz und eine Ausei-
nandersetzung mit dem inneren Schatten und den sich
daraus neu ergebenden *LebensMuster* zurück.

Die jüngst entwickelte Arbeit für den Pavillon des
Gerhard-Marcks-Hauses führt die Reihe der Siegel-
arbeiten weiter. Nach dem zeitbezogenen Projekt
365 +1 Siegel und themenbezogenen Siegelprojekten
entwickelt Sabine Schellhorn mit ihrem Projekt *Siegel
für Orte – Orte für Siegel* raumbezogene Werkgruppen
weiter.

Zwei der von Schellhorn benannten *Siegel* prägen den
Bremer Ausstellungsraum. In zentraler Raummitte
ist ein filigranes Papierobjekt abgehängt, welches
von einem sich flächig über den Boden und die Wände
ziehenden Lichtmuster kontrastiert wird. Das Lichtob-
jekt ist klar erkennbar aus Einzelteilen symmetrisch
zusammengesetzt; das Papierobjekt löst hingegen
seine strukturelle Komplexität erst in der räumli-
chen Wahrnehmung. Dicht hintereinander sind fünf
freiplastische Ornamente formiert, die sich von vorne
zu einer einzigen Siegel-Schichtung verdichten. In
den auf den ersten Blick ausschließlich kontrastiv

aufgebauten Objekten, in denen die Künstlerin eine
flächige Formgebung mit einer linearen Umrissstruk-
tur konfrontiert, die Klarheit der Großform gegen die
Komplexität der Gesamtform stellt, werden im unmit-
telbaren Vergleich vor allem aber gleiche und ähnliche
Einzelformen sichtbar. So tauchen dominierende Halb-
kreisformen auf, die aus drei bzw. aus vier Teilformen
zusammengesetzt sind, und eine Vielzahl an regelmä-
ßigen Quadraten, die in beiden Objekten gleichermaßen vorhanden sind. Außer der Gesamtform gleicht der
Betrachter nun Größe und Anzahl der Einzelformen
ab – immer über die räumliche Distanz der beiden Objekte hinweg. Erst über diese räumliche Erfassung der
Objekte wird die zugrunde liegende Struktur der Instal-
lation offenbar: Fensterflächen und -rahmungen bilden
die konstruktive Grundlage beider Objekte!

Entscheidend ist dabei, dass die Künstlerin nicht auf
die konstruktiven Wandflächen, die für gewöhnlich einen Raum als Raum definieren, zurückgreift, sondern
auf deren Negation: Sie erfasst den Raum über dessen
Aussparungen in der Fläche. Die zum Siegel reduzierte
Identität des Ausstellungsraums begreift Schellhorn
somit in erster Linie über dessen Durchlässigkeit, die
über eine Sichtbarkeit und Wirkbarkeit des im Inneren
Ausgestellten nach außen definiert wird.

In zwei Punkten geht das Projekt des Pavillons deutlich
über Sabine Schellhorns bisherige Arbeit hinaus: Ent-
gegen ihrer bislang verfolgten Siegelprojekte, in denen
sie streng komponierte, in sich geschlossene Formfol-
gen entwickelte, wird die für den Pavillon gefundene
künstlerische Form durch einzelne, natürlich einfal-
lende Lichtflächen ergänzt und zu einer neuen, sich
stetig verändernden Gesamtform zusammengesetzt.
Schellhorn macht hier erstmals die Prinzipien des
gelenkten Zufalls und der ständigen Transformation
für ihre Arbeit fruchtbar und entwickelt ihre Siegel zu
tatsächlichen Raumobjekten.

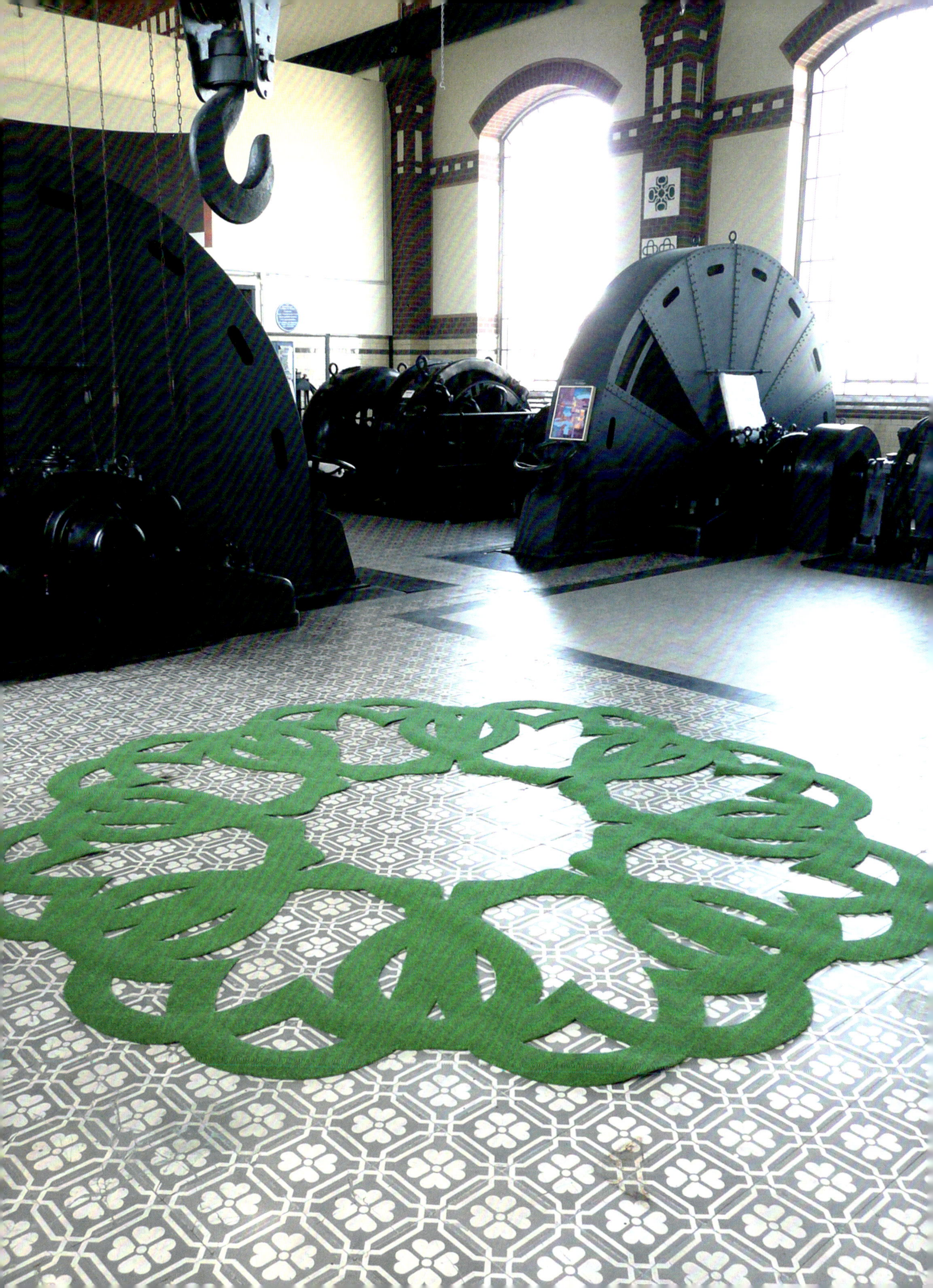

Familie der HerzSiegel - Tableau A | Family of Heart Seals - Tableau A, 2010,
Teppichschnitt auf Leinwand | carpet cut on canvas, je | each 50 x 50 cm

Herzschacht | *Heart Shaft*, 2010,
Teppichschnitt | carpet cut, 50 x 50 x 5 cm

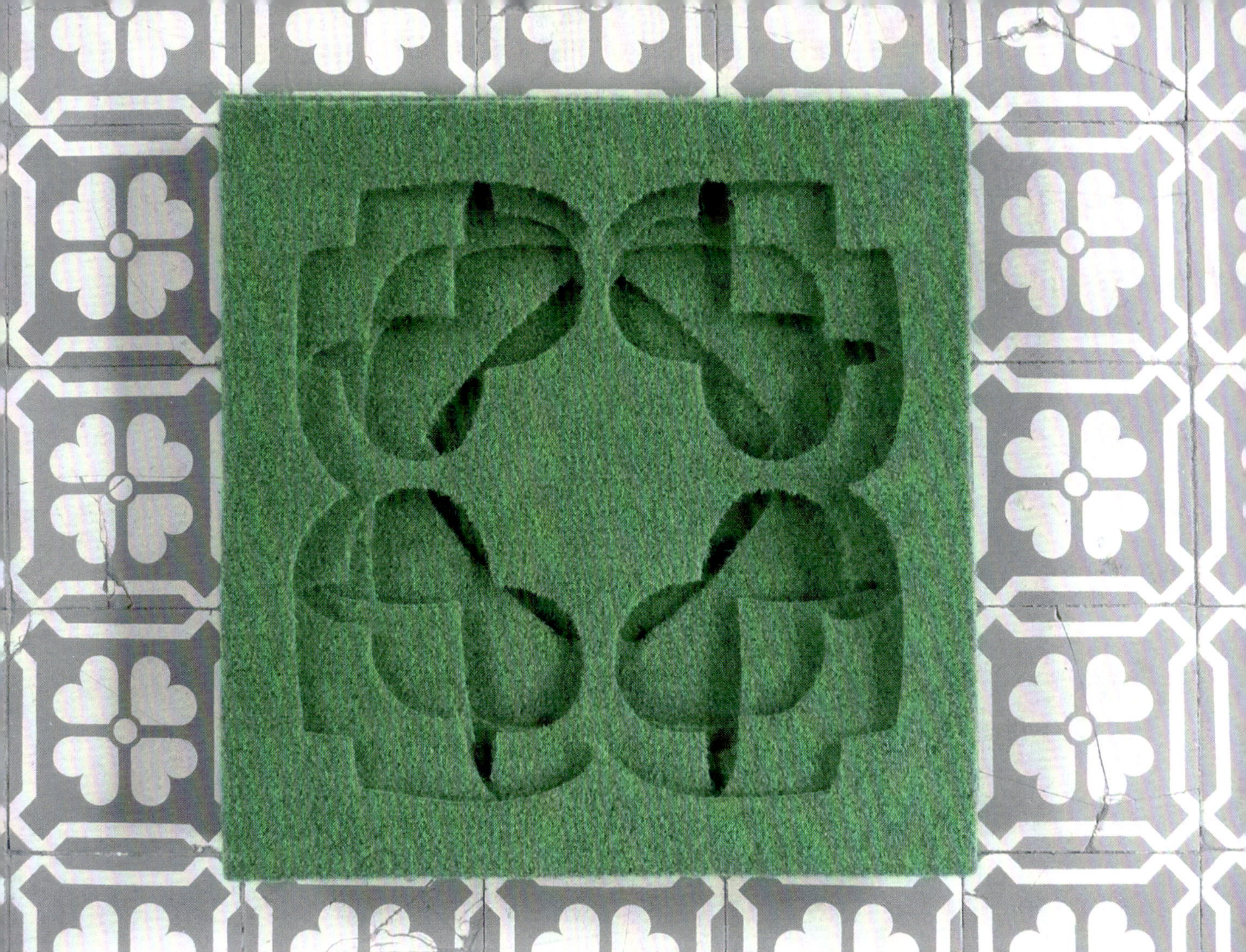

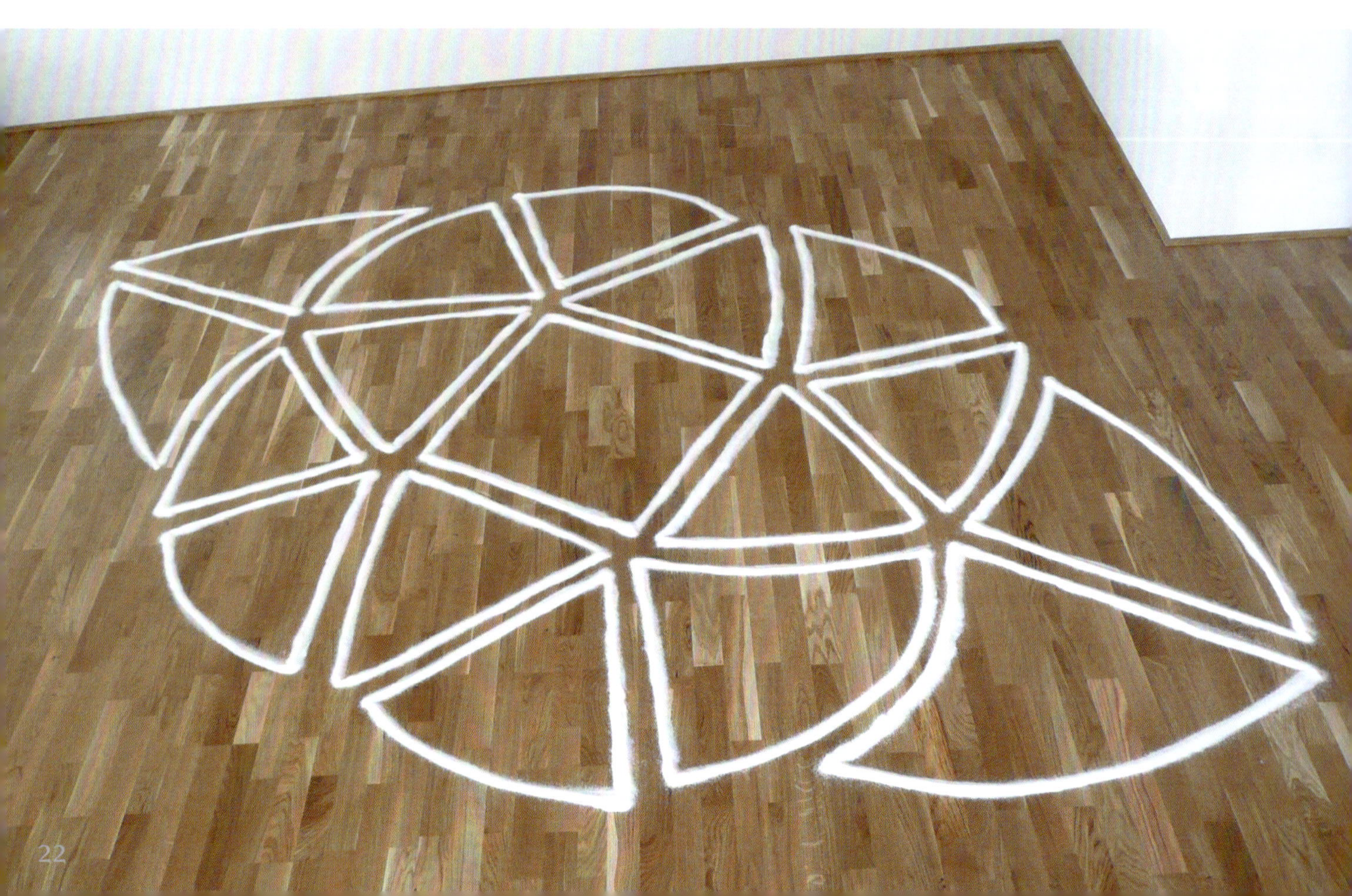

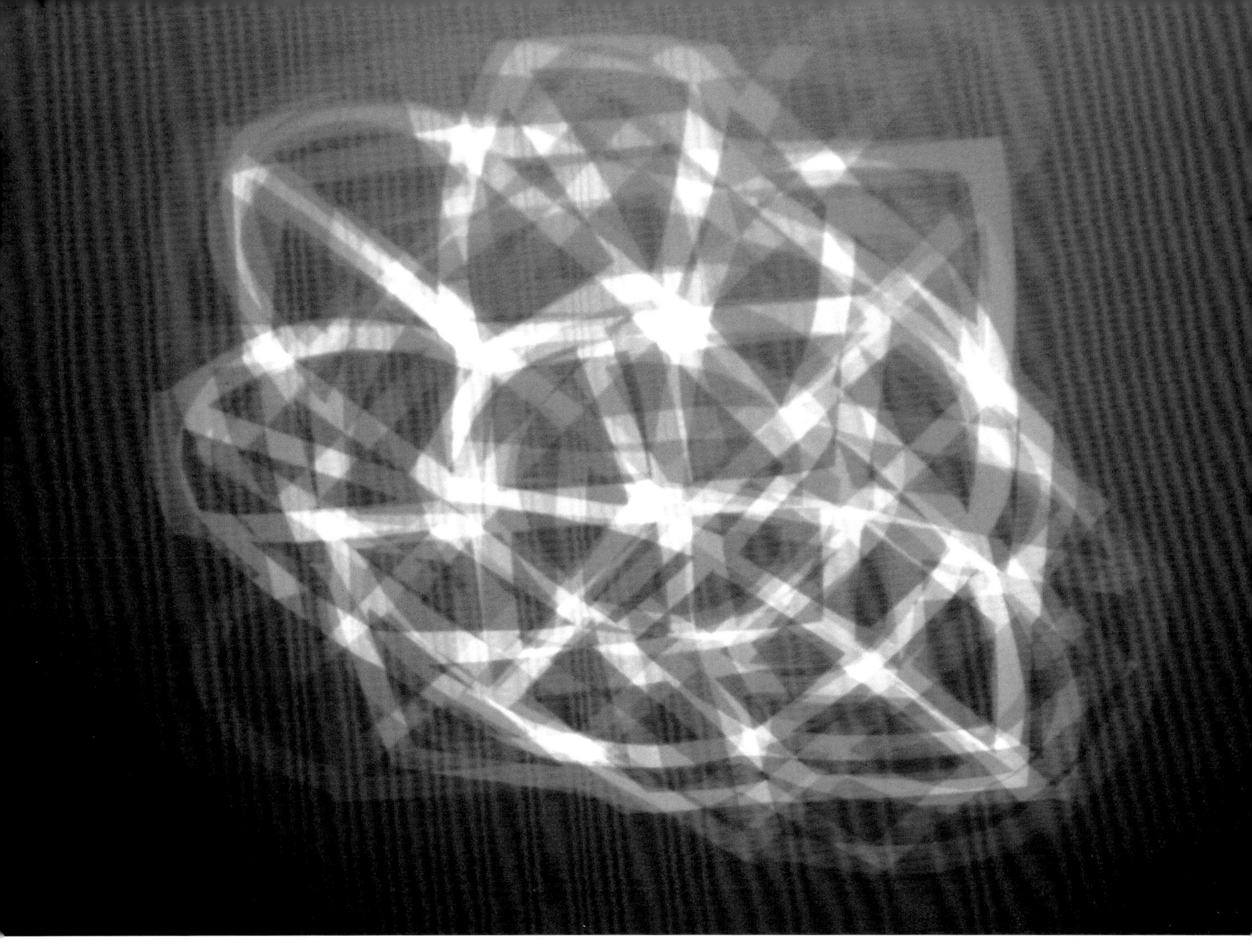

Siegel 323: Auf-die-Erde-Kommen | *Seal 323: Coming onto Earth*, 2011,
Salzstreuung | strewn salt, 330 x 200 cm

LichtSiegel-Film: Immateriell Werden |
Light-Seals Film: Becoming Immaterial, 2011,
Projektion | projection

KreuzSiegel-Schichtung | *Cross-Seals Stratification*, 2011,
Lichtspeicherpapier-Schnitt | luminescent paper cut, je | each 30 x 30 cm

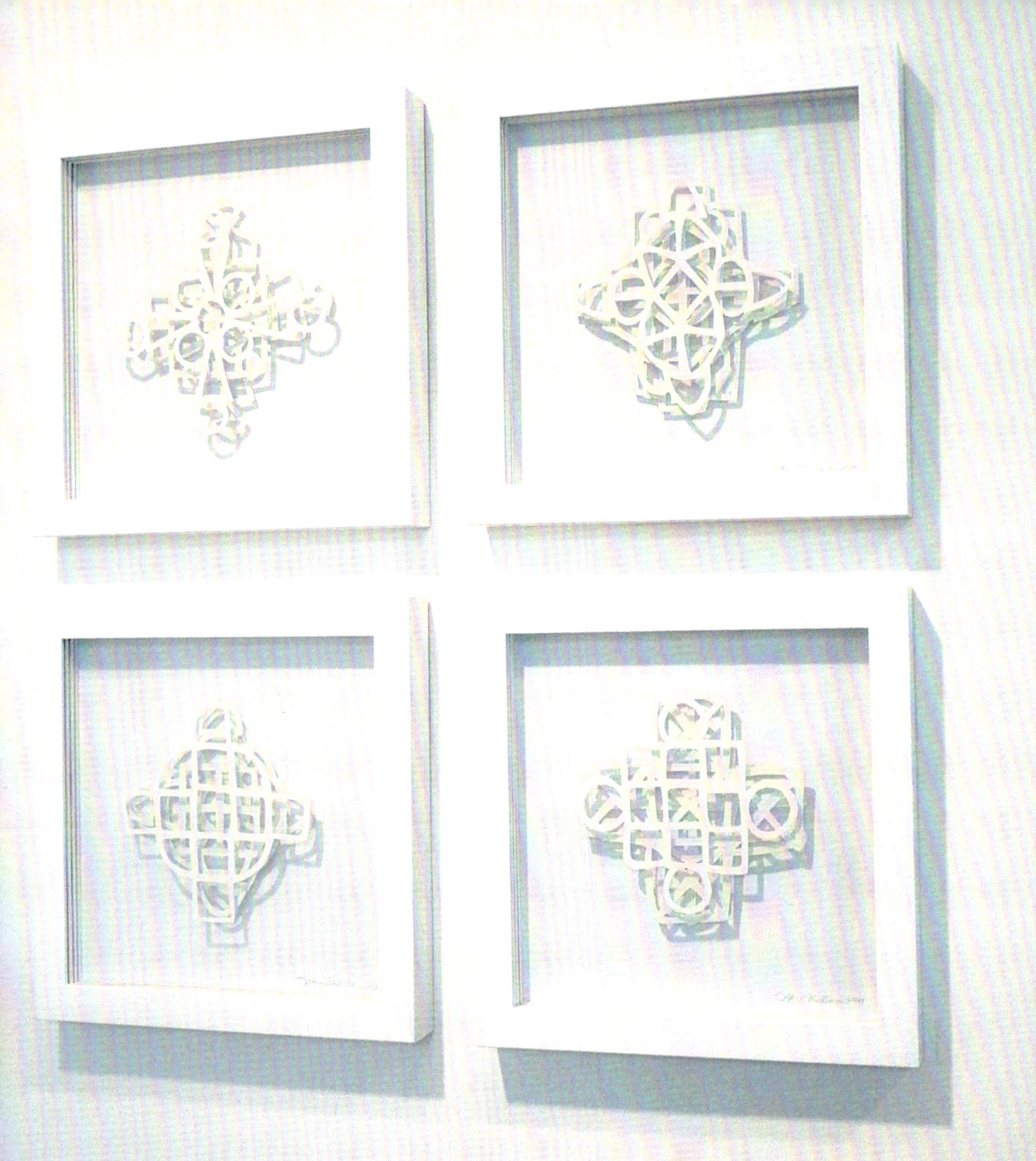

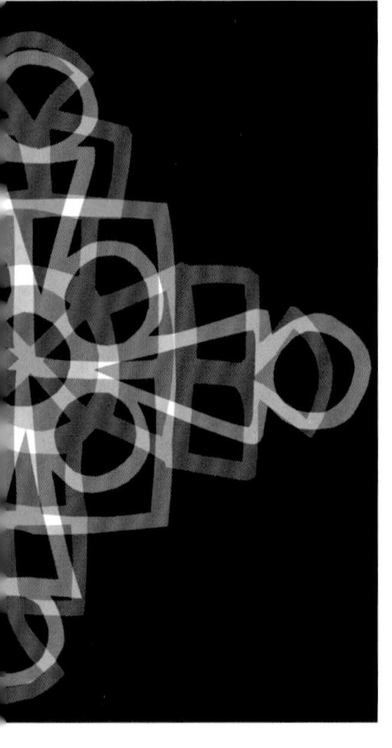
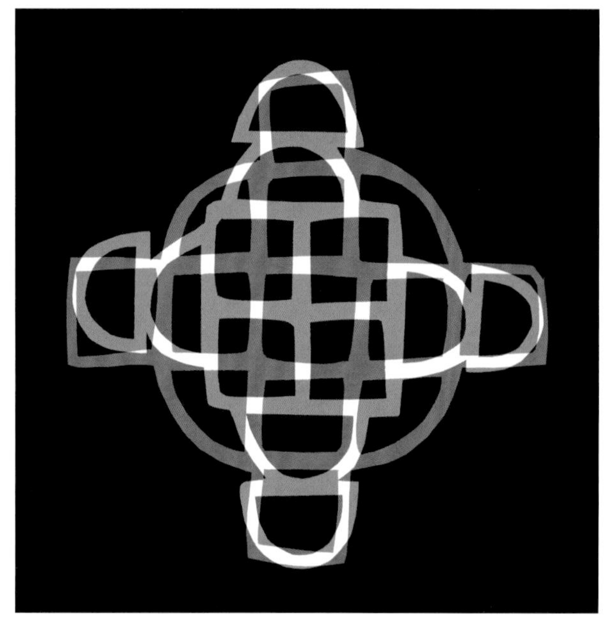
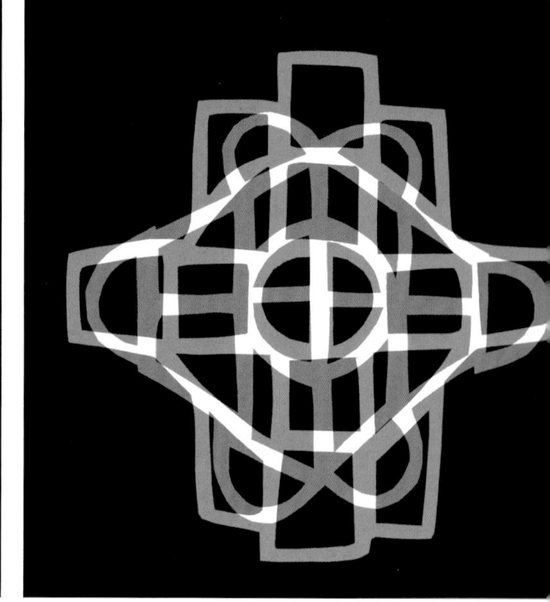

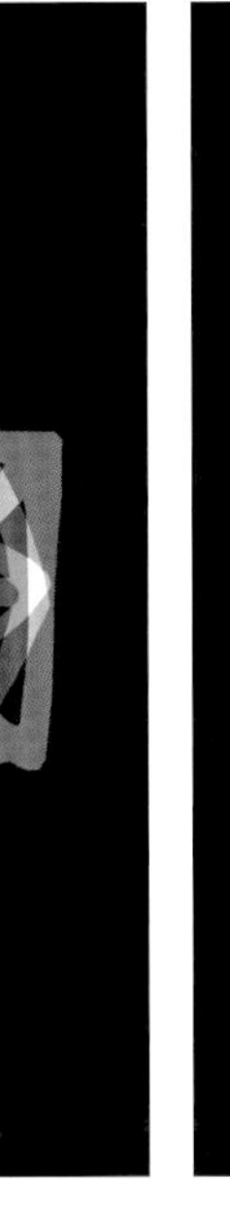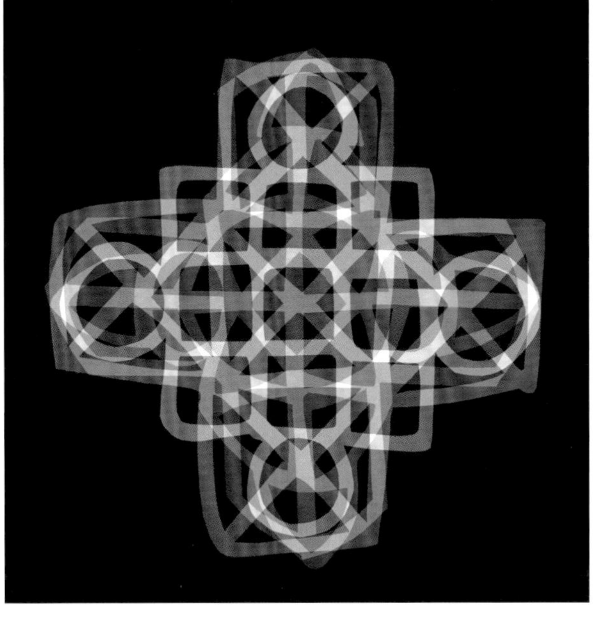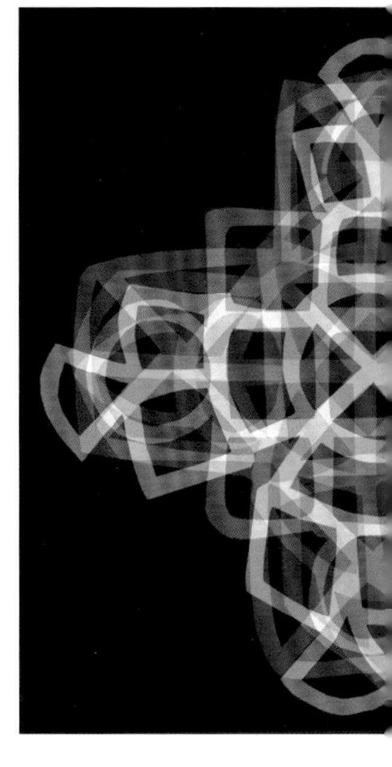

12 LichtKreuzSiegel in 42 Erscheinungsformen |
12 Light-Cross Seals in 42 Manifestations, 2011,
Standbilder aus der Filmprojektion |
stills from film projection

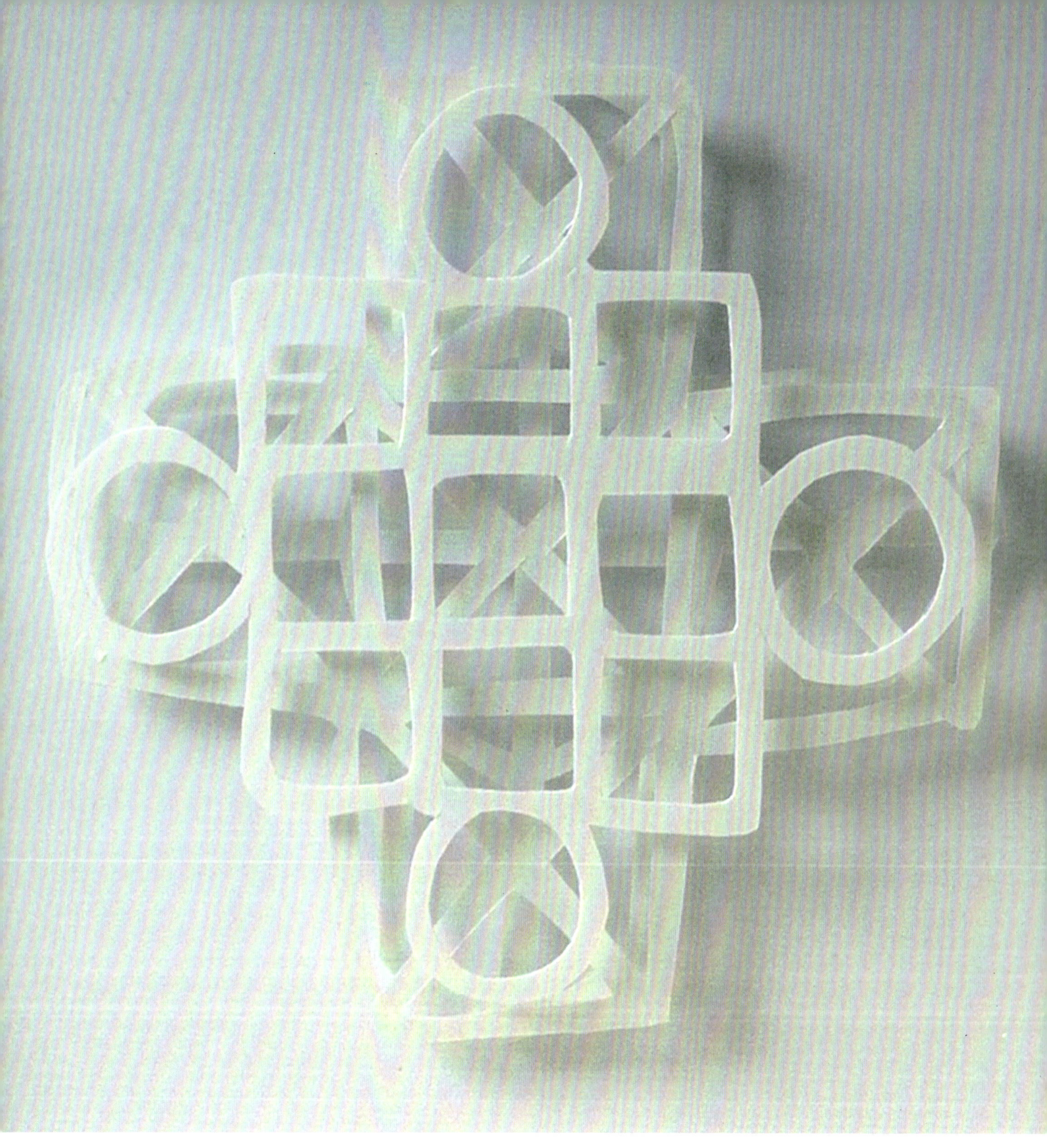

KreuzSiegel-Schichtung | *Cross-Seals Stratification*, 2011,
Lichtspeicherpapier-Schnitt | luminescent paper cut, 30 x 30 cm

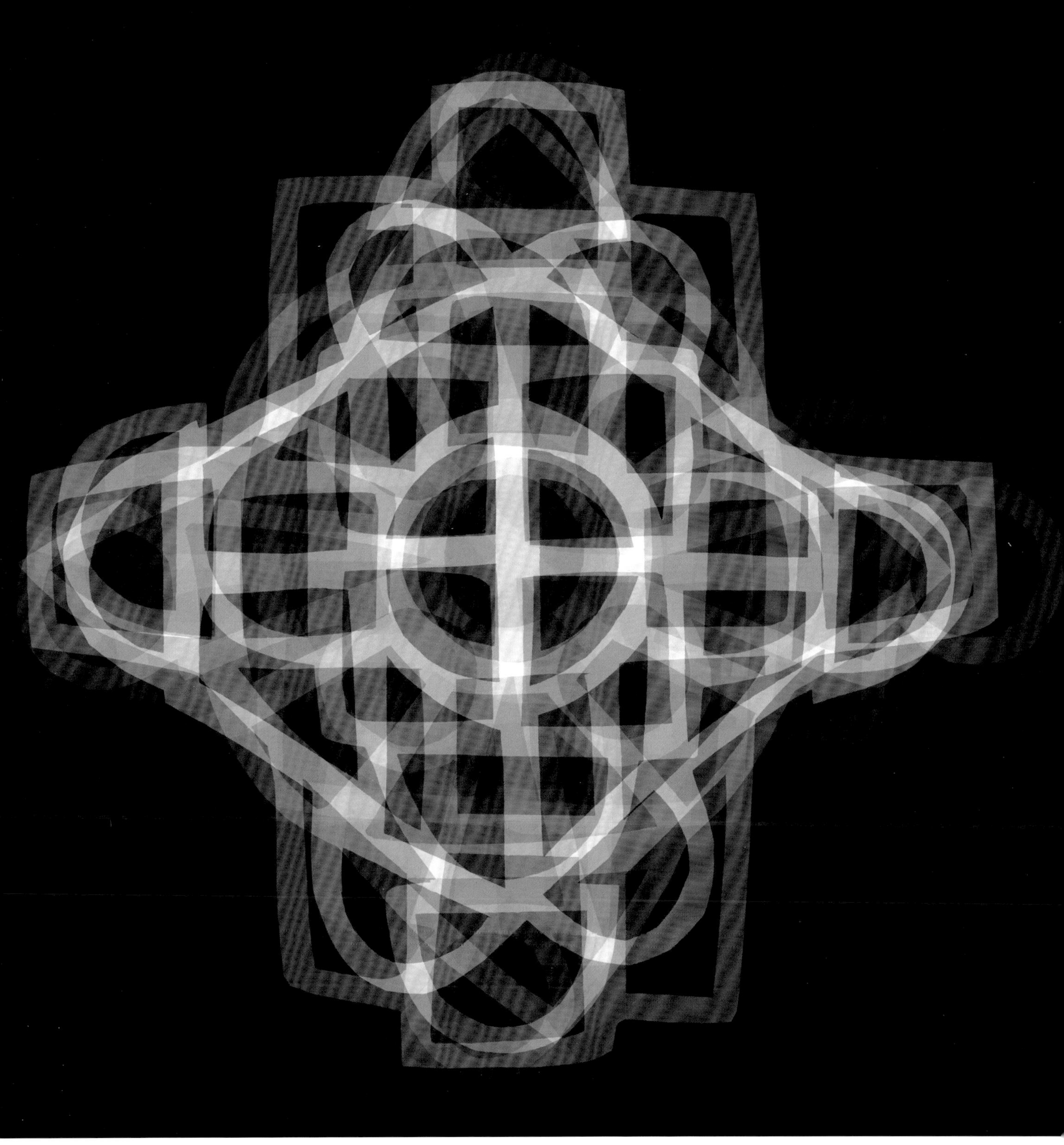

12 LichtKreuzSiegel in 42 Erscheinungsformen |
12 Light-Cross Seals in 42 Manifestations, 2011,
Standbild aus der Filmprojektion |
still from film projection

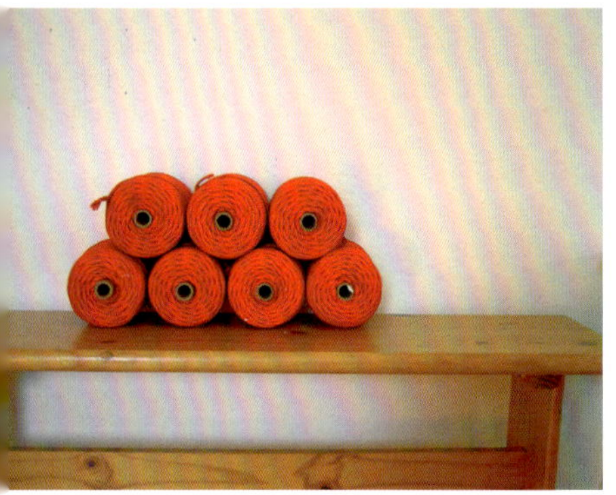 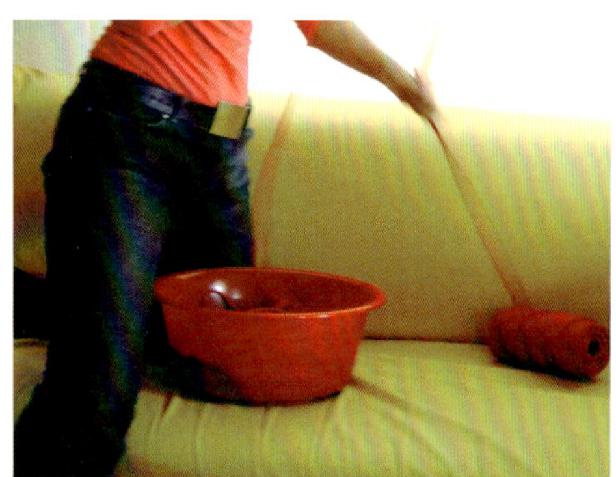 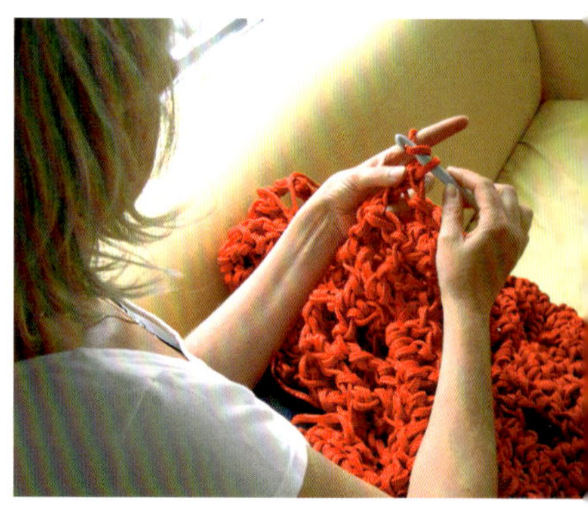

Entstehung | Work in process:
Häkelfeld Siegel 9 | *Crochet Field Seal 9*, 2010,
Filethäkelei | filet crochet

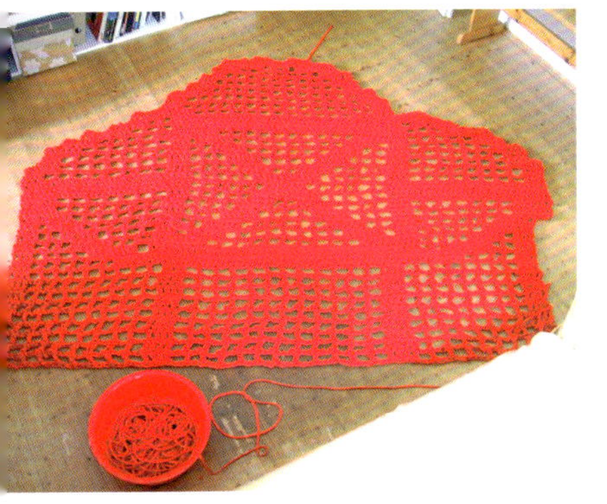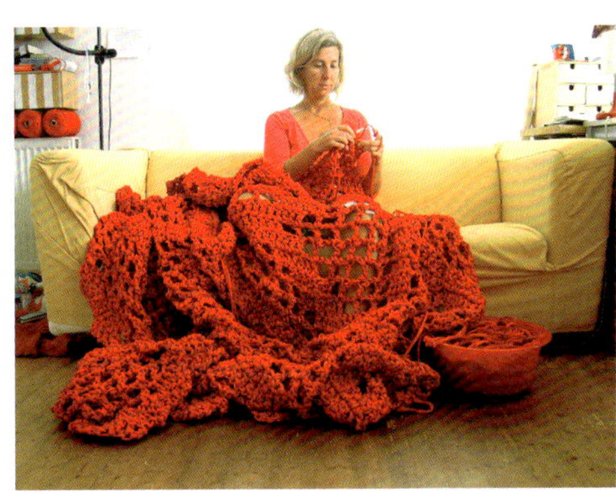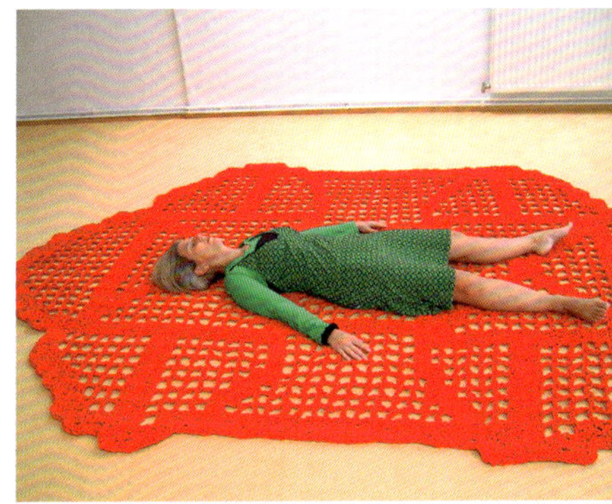

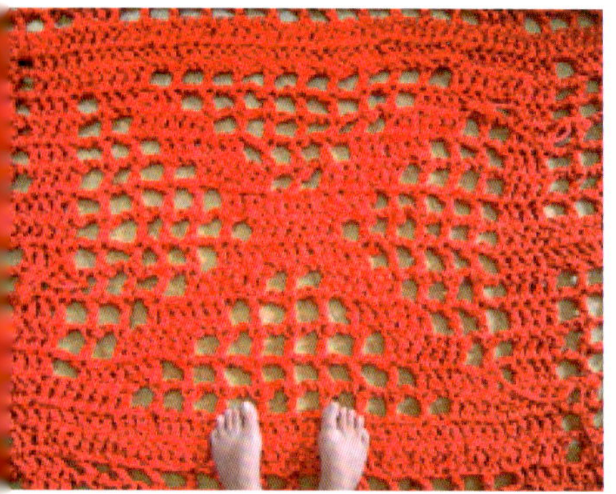 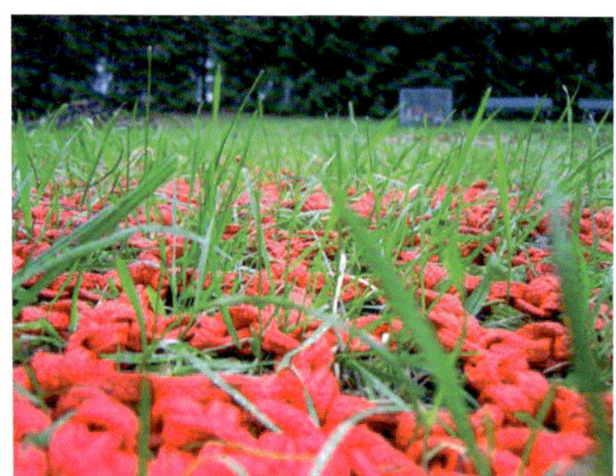 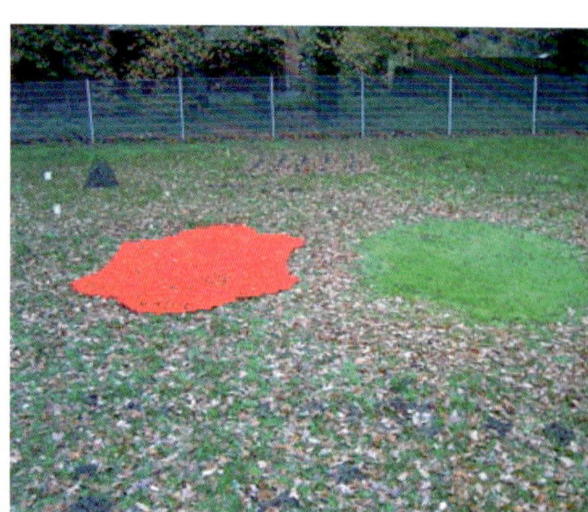

Häkelfeld Siegel 9 | *Crochet Field Seal 9*,
Verortung: Städtische Galerie Halle/Westfalen |
Setting: Halle/Westfalen Municipal Gallery, Germany, 2010,
Filethäkelei | filet crochet, 200 x 300 cm, 17 kg

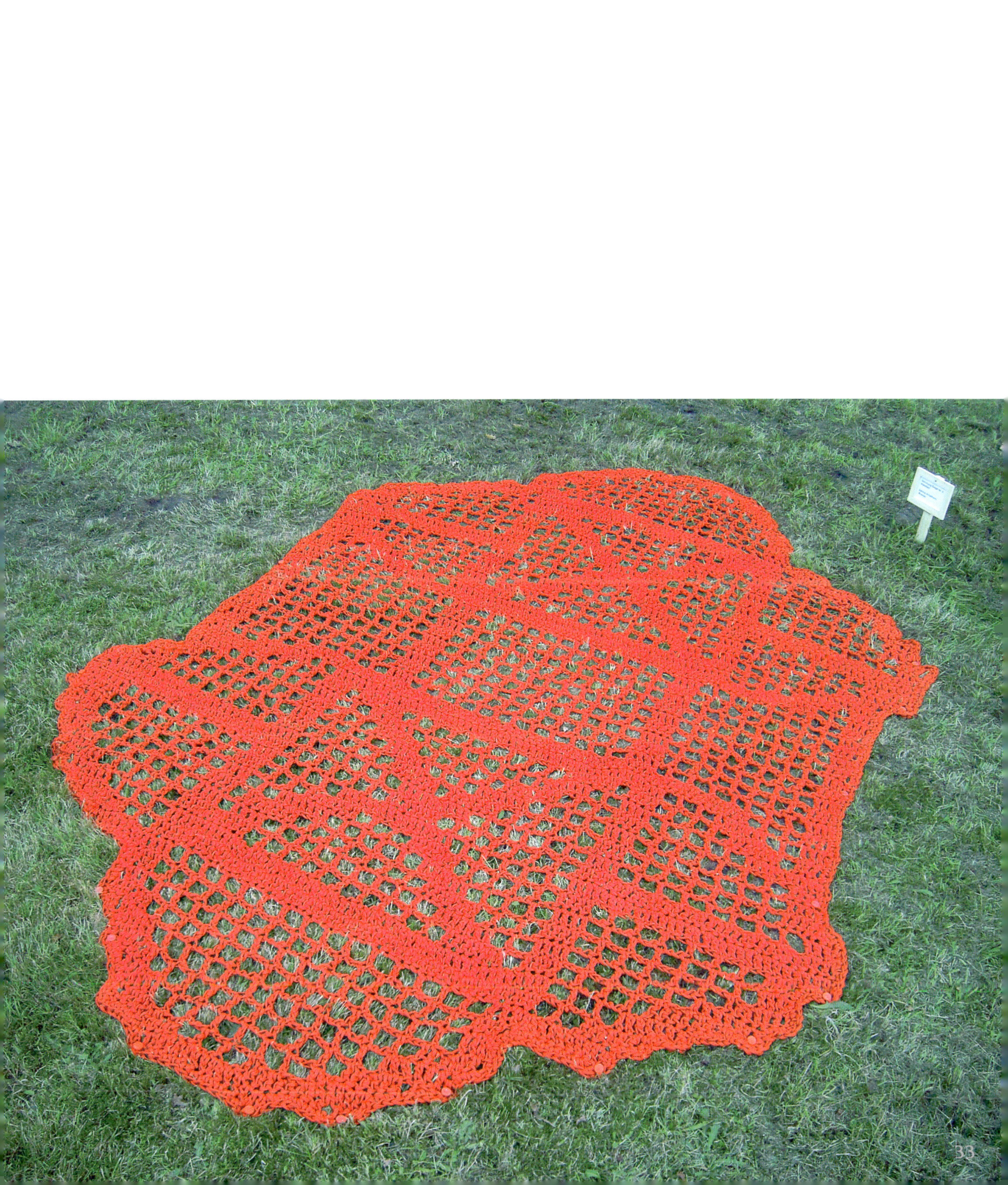

Siegel im Netz (auf) gefangen | *Seal Caught (Saved) in Net*,
Kunstfrühling Güterbahnhof Bremen, 2011,
Filetstickerei | filet embroidery, je | each 300 x 200 cm

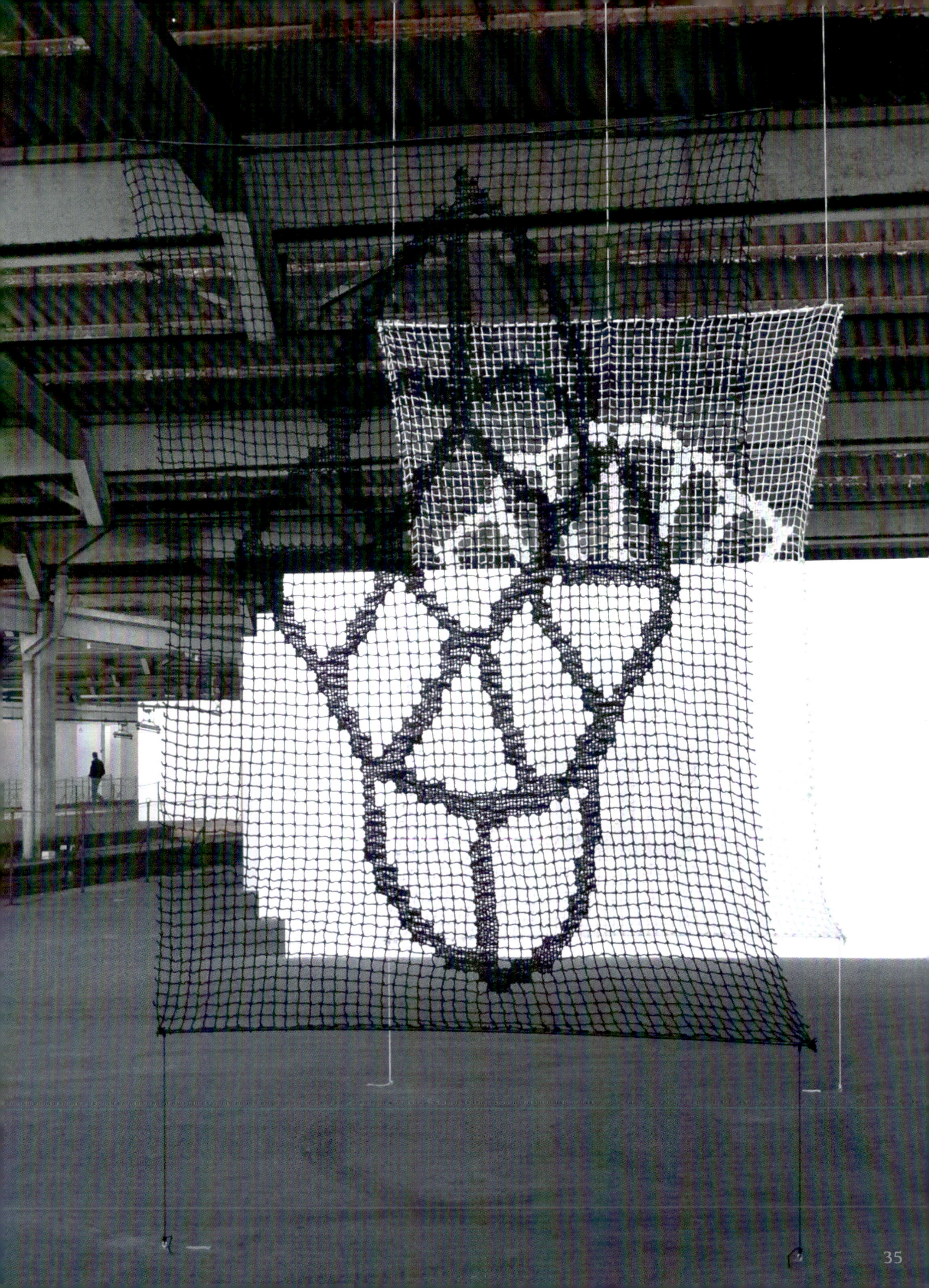

35ster Spieltag | 35th Match Day Project 2011/12:

17 Künstlerinnen und 17 Autorinnen entwickeln paar-
weise Werke zu den Heimspielen von Werder Bremen.
Sabine Schellhorn und ihre Autoren-Partnerin Inge
Buck installieren in Symmetrie Spielfeld und Textfeld
zum 1:1 des 19. Spieltags. Sabine Schellhorn setzt das
Siegel des Spieltags (28. Januar) auf die Linierung des
Platzes und doppelt es an der Spielfeldmitte. Darüber
sind Netzstickereien mit den Geburtstags-Siegeln der
Torschützen von ihr und das spiegelsymmetrische
Acrylglas-Textfeld von Inge Buck positioniert, das
auch als Sprachcollage zu hören ist.

17 artists and 17 authors pair up to develop works relating to Werder Bremen's home soccer matches. Sabine
Schellhorn and her partner, the author Inge Buck
install a soccer field and text field in symmetry to mark
the 1:1 score draw of the 19th match day of the season.
Over the pitch markings Sabine Schellhorn superimpo-
ses the seal of the match-day date (January 28), which
is double-overlaid across the midfield area. Positioned
above are filet embroideries of the birthdate seals of
the two goal-scorers, also made by Schellhorn, and the
mirror-symmetrical text field on acrylic glass by Inge
Buck which can also be heard as an audio word collage.

Spielfeld-Siegel | Soccer Pitch Seals, Teppichschnitt | carpet cut, 260 x 170 cm
Torschützen-Siegel | Goal Scorer Seals, Filetstickerei | filet embroidery, je | each 60 x 50 cm
Inge Buck: *top-point*, Sprachcollage | word collage, Print auf Acrylglas | print on acrylic glass, 70 x 50 cm + Audio,
Galerie Kramer Bremen, 2012

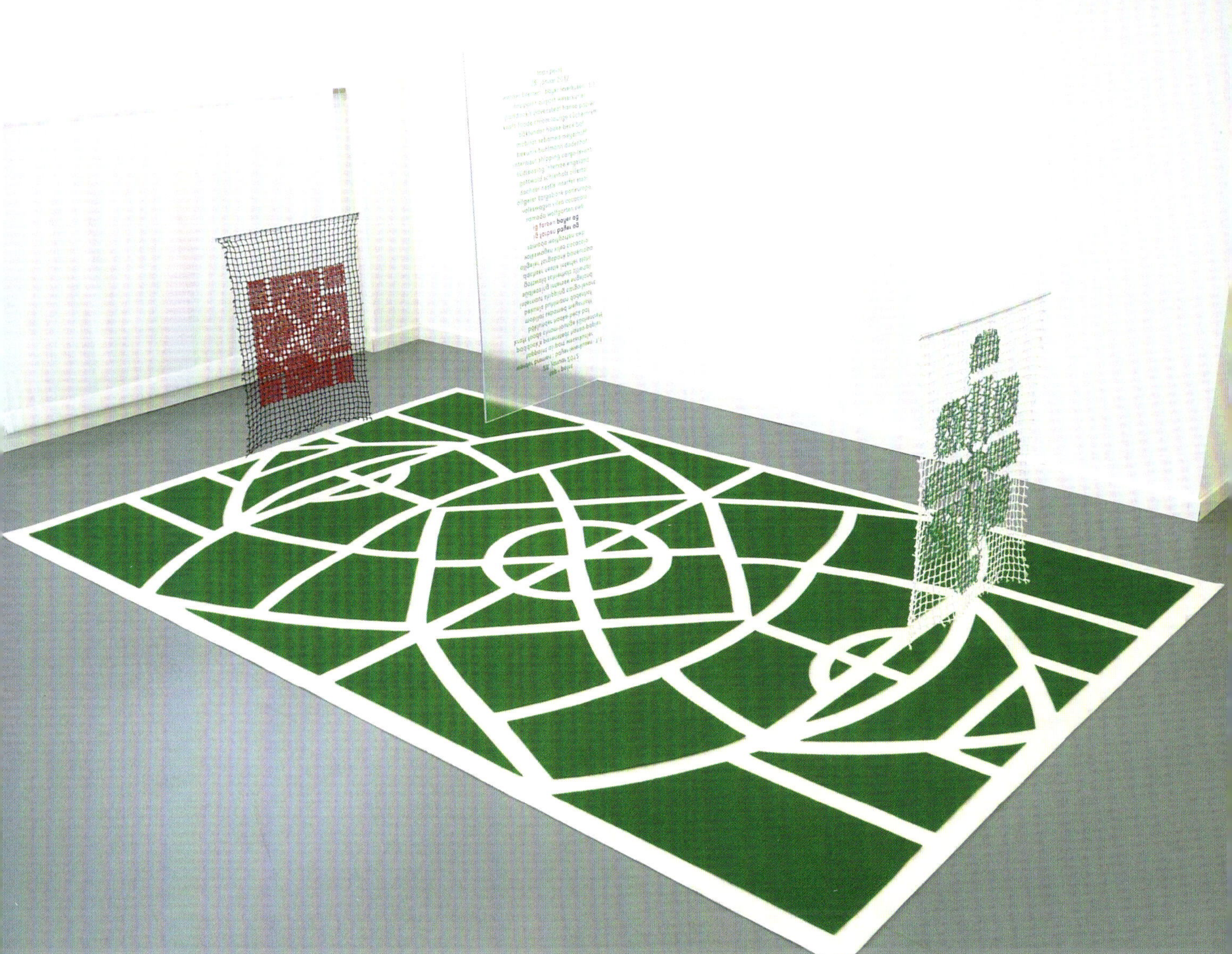

Wurzeln und Wachsen | *Rooting and Growing*, in Resonanz mit | in collaboration with Elisabeth Brügger,
innerhalb des Ausstellungsprojekts der Gruppe pickArt | for pickArt group exhibition project, Landesmuseum Detmold 2012:

Schellhorn: *Delta J,* Teppichschnitt | carpet cut, 270 x 470 cm
Rotationsherz 2 | *Hearts Rotating 2*, 2010, Teppichschnitt | carpet cut, 300 x 300 cm
Brügger: *The Year 2012*, Druckgrafiken | prints, je | each 70 x 50 cm
Lebensbaum | *Arbor Vitae*, 2012, Acrylglasschnitt | acrylic glass cut, 300 x 200 cm

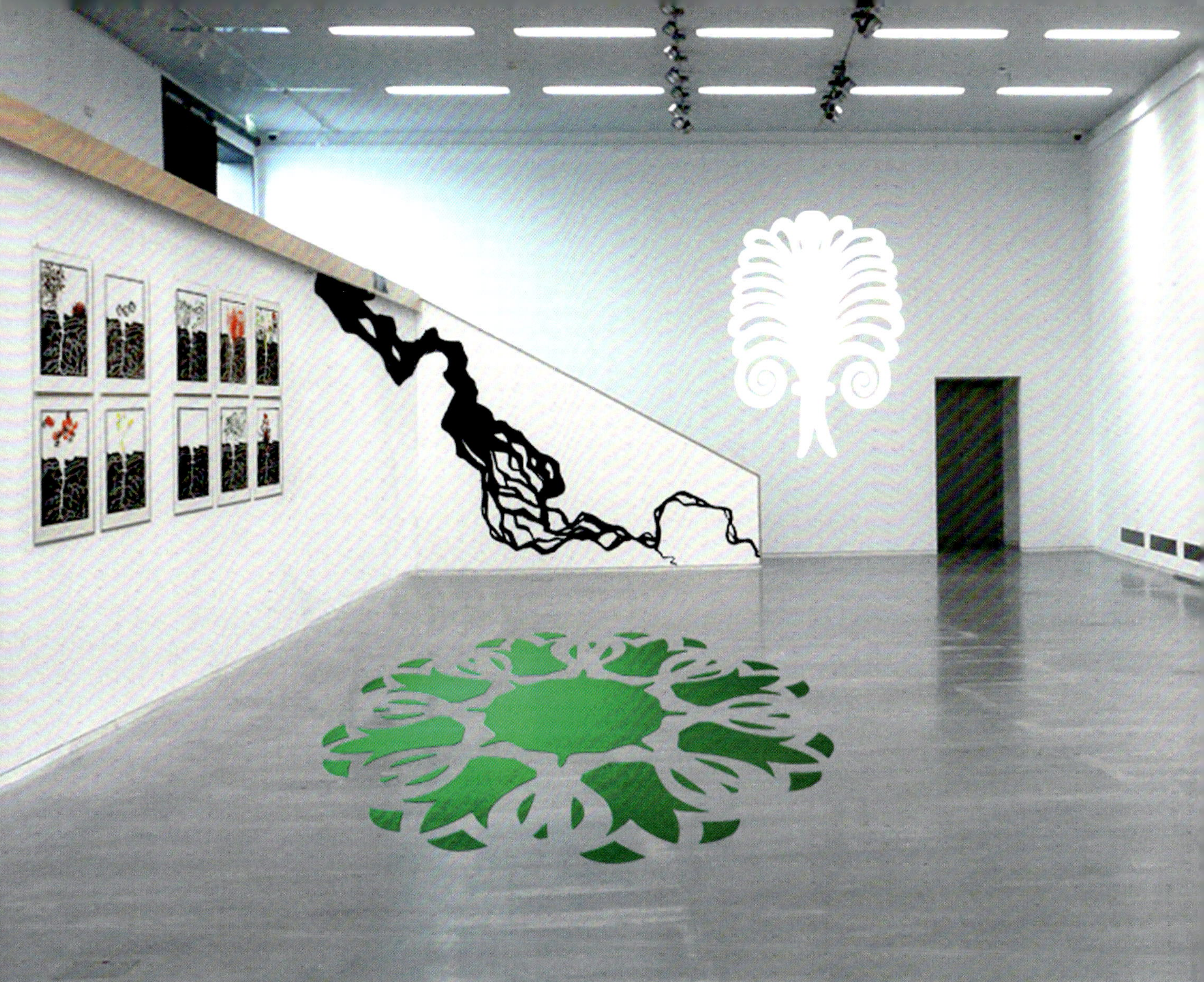

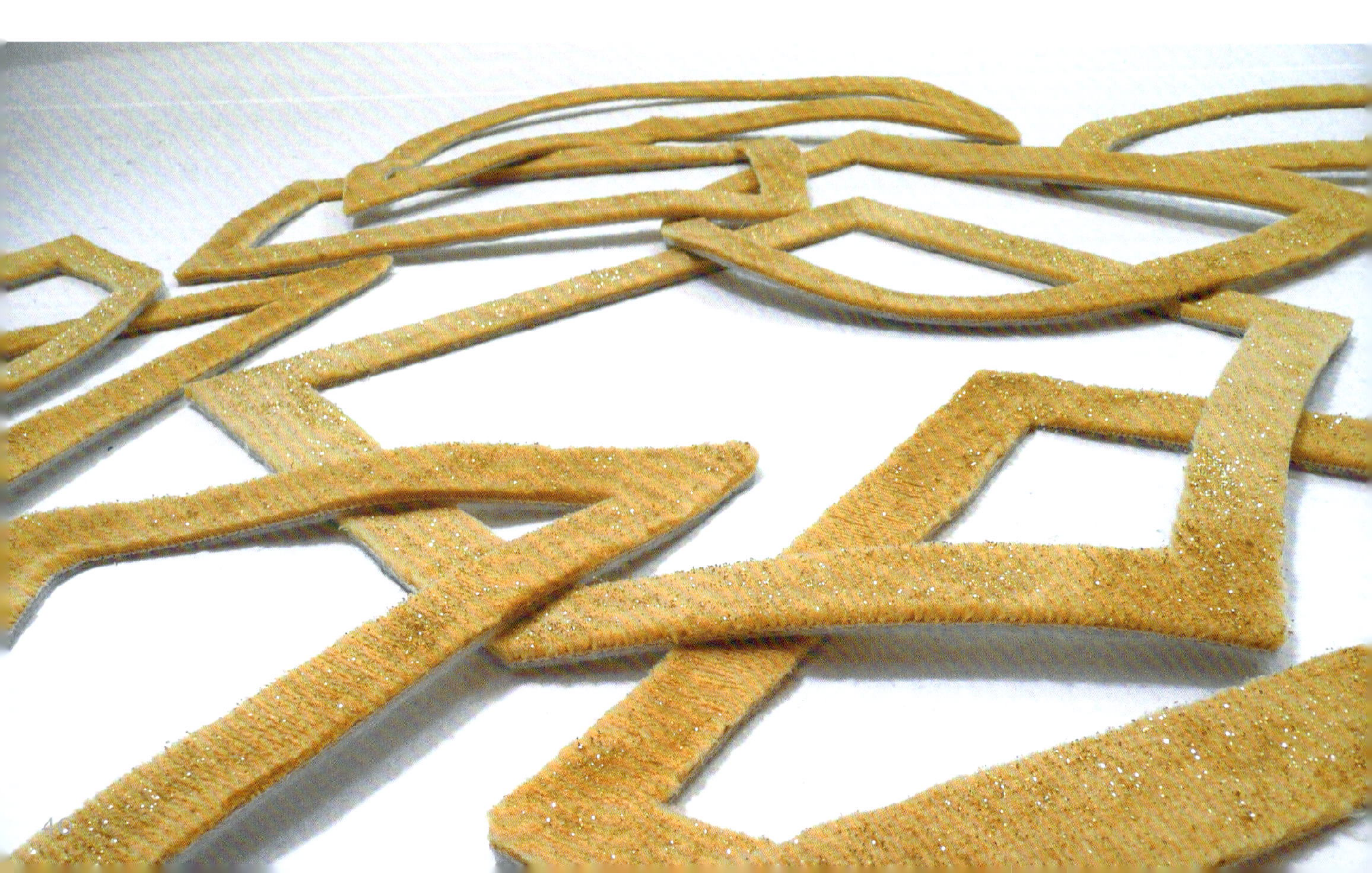

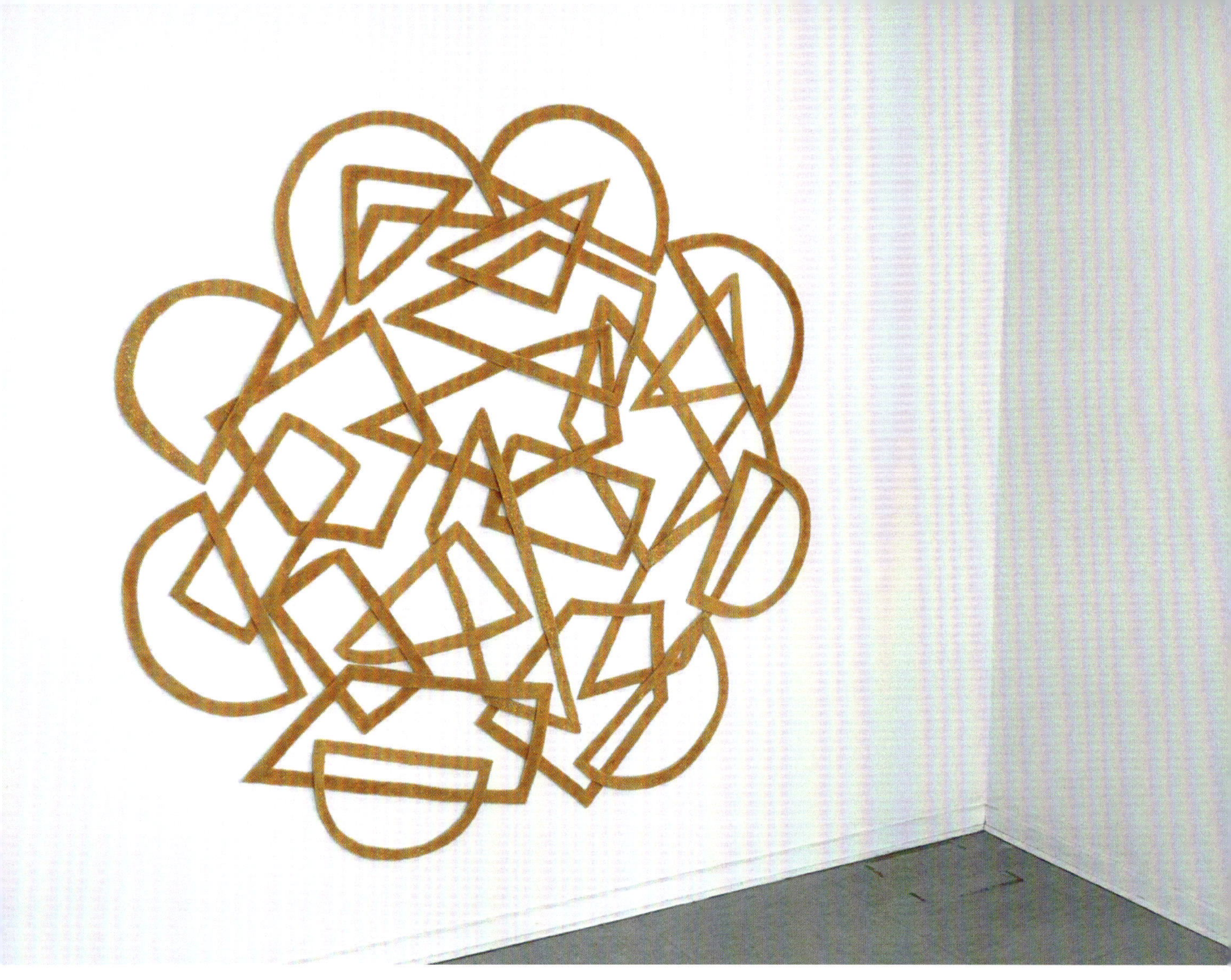

Siegel 28 als Knäuel | *Seal 28 as Twined Ball*, 2011,
variables Teppichobjekt | variable carpet object, 100 x 105 cm

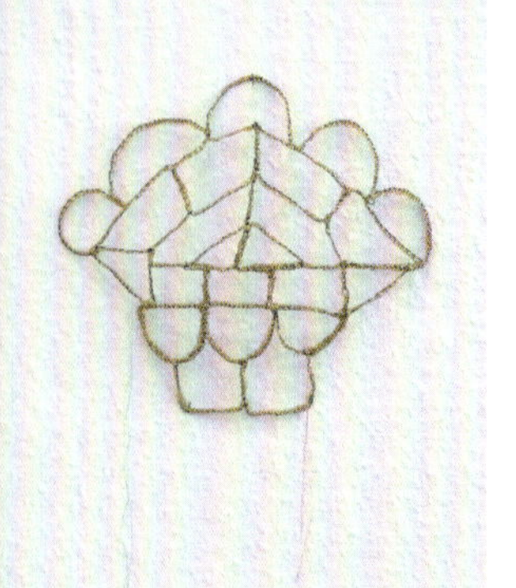
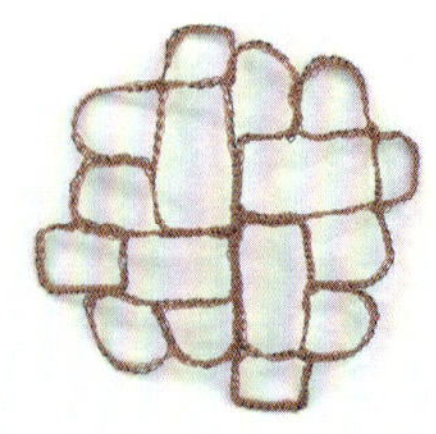
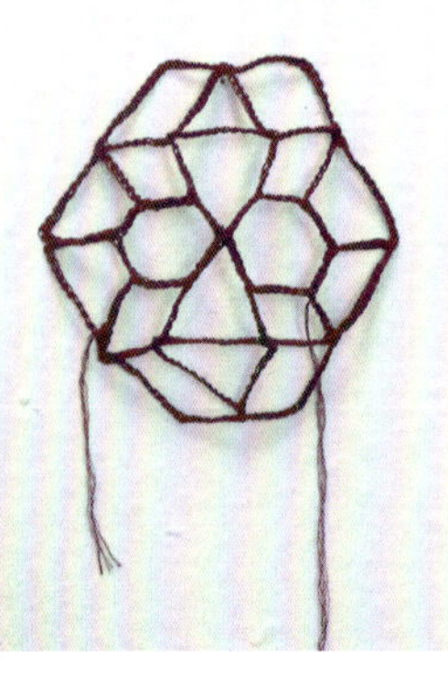
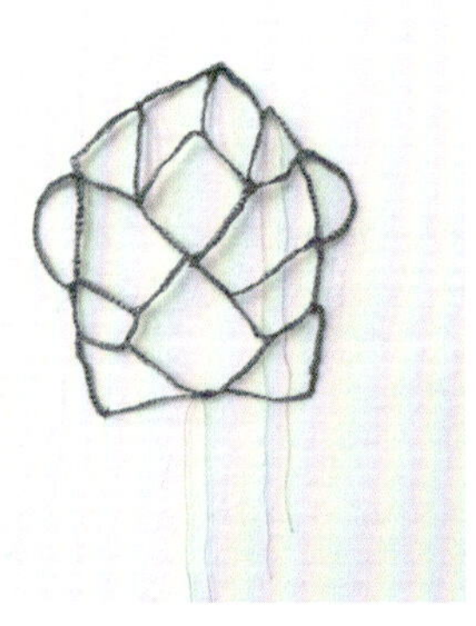
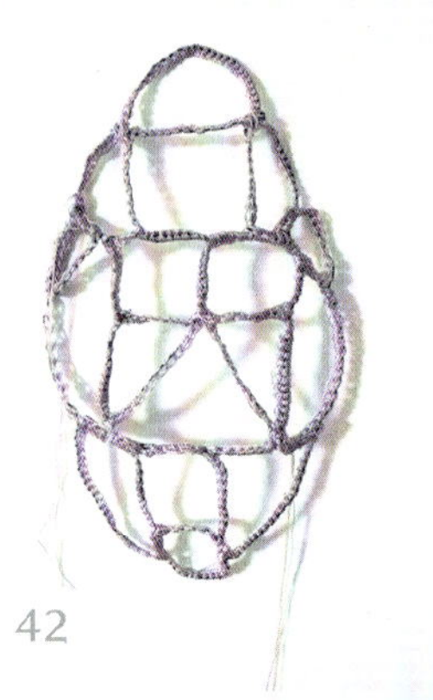

Siegel 28, 238, 228, 32 und 176 | *Seals 28, 238, 228, 32 and 176*, 2011,
Häkelobjekte | crochet objects, je | each 12–20 cm

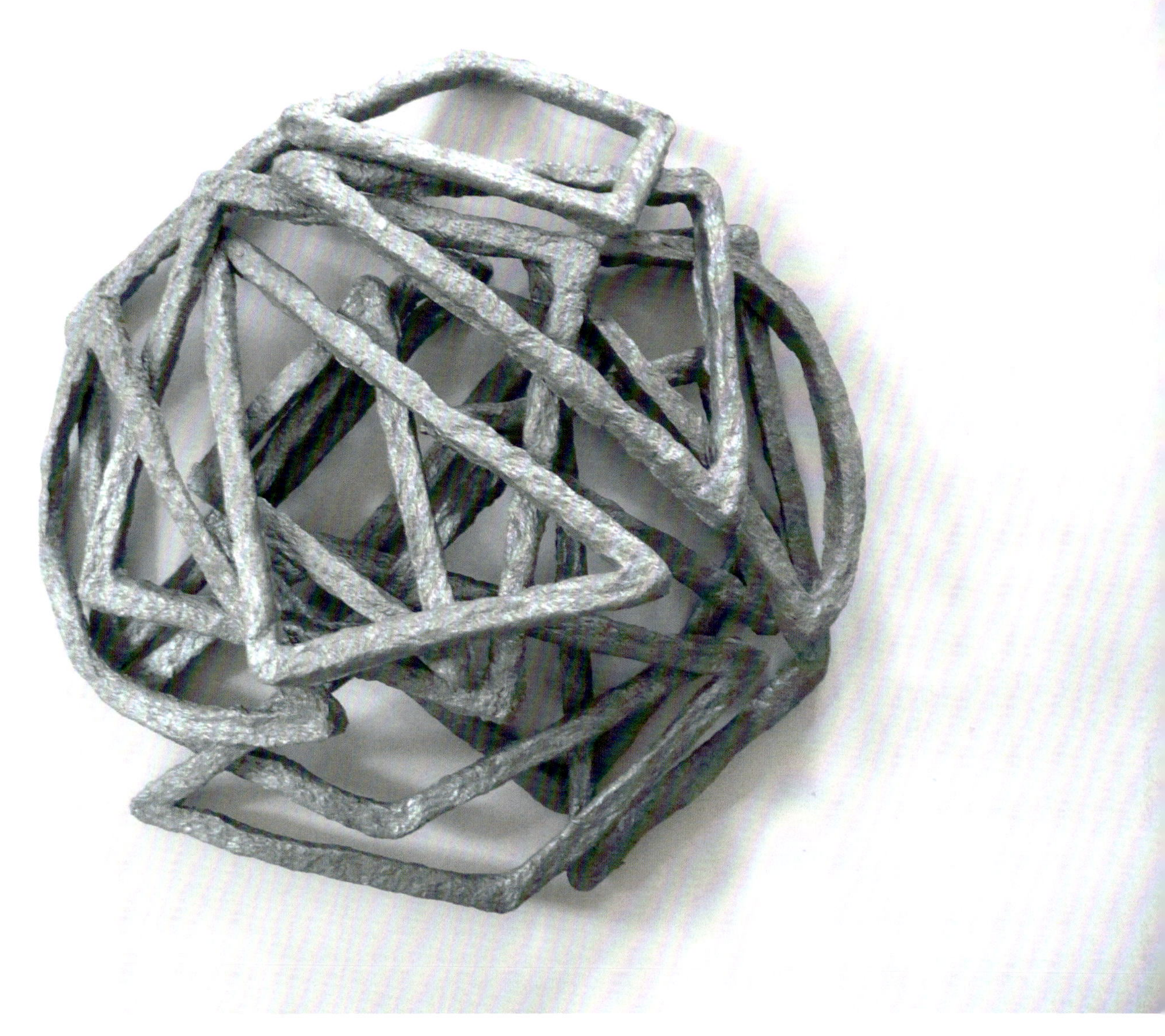

Siegel 32 als Knäuel | *Seal 32 as Twined Ball*, 2011,
variables Papierobjekt | variable paper object

SiegelSchichtung aus Siegel 28, 32, 176, 228 und 238 |
Seal Stratification with Seals 28, 32, 176, 228 and 238, 2011,
Papierobjekte | paper objects, 120 x 110 x 120 cm

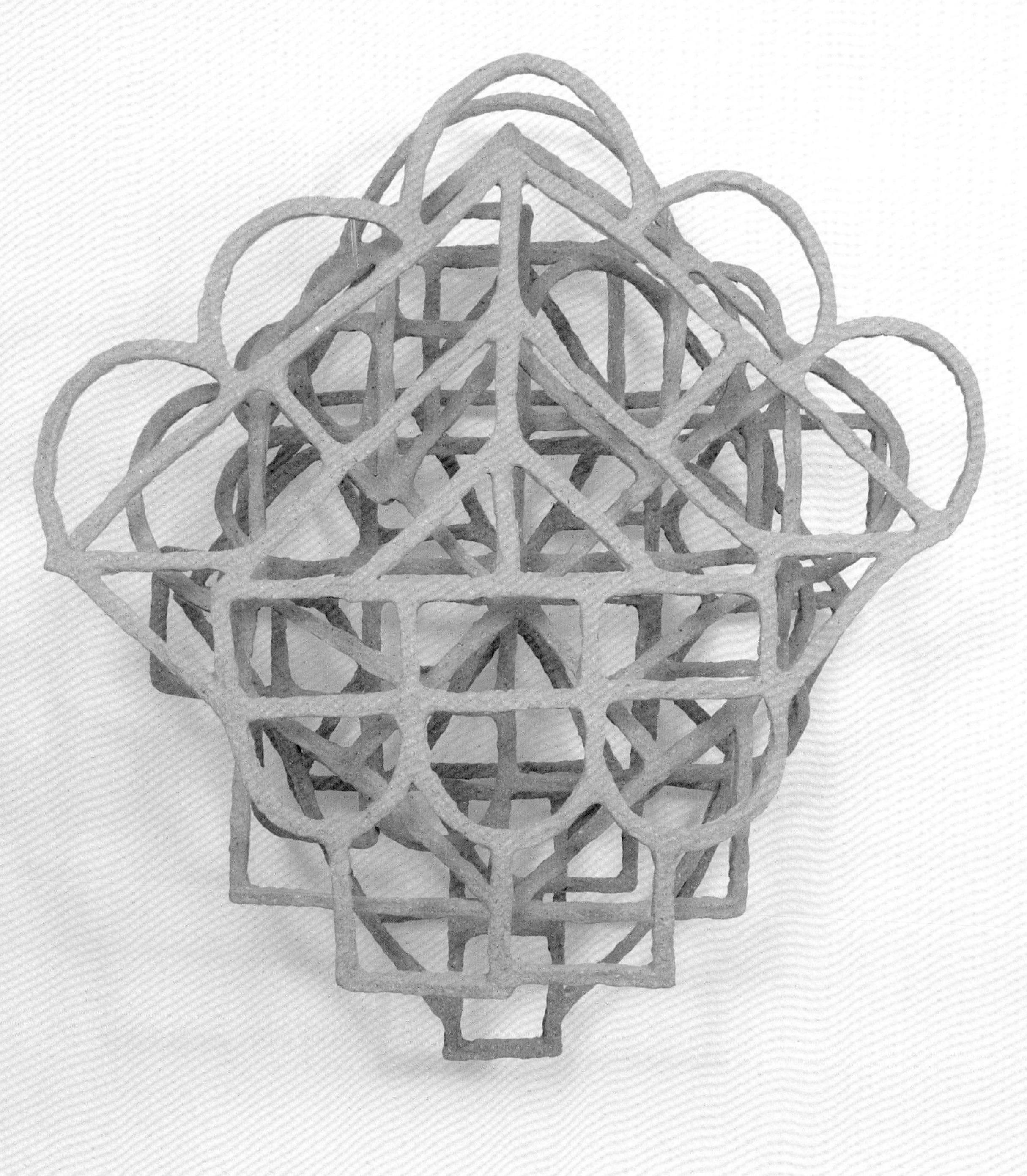

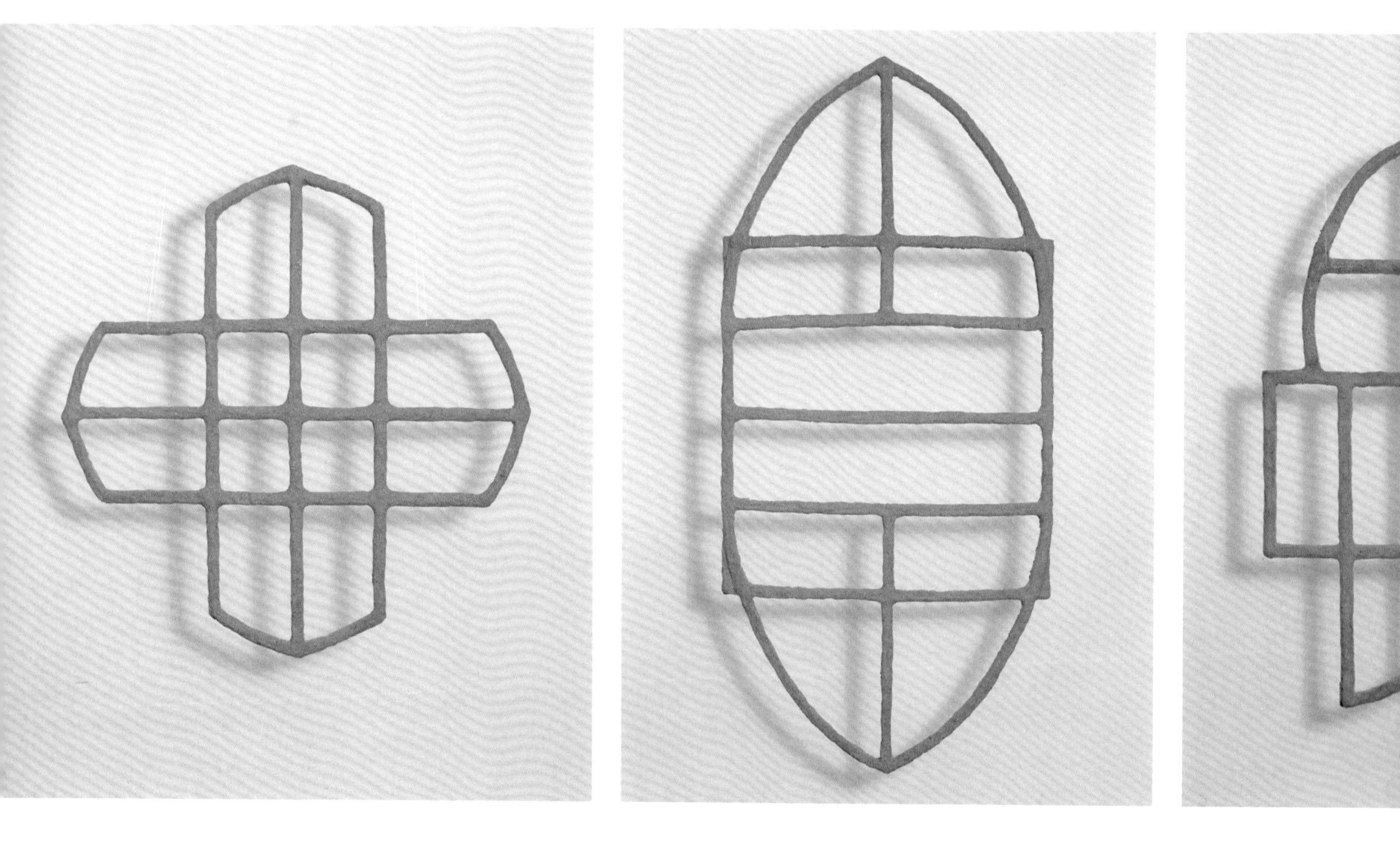

Siegel für den Pavillon | *Seals for the Pavilion*, 2013,
Papierobjekte | paper objects, 110 x 110 cm, 160 x 75 cm, 125 x 75 cm, 140 x 140 cm, 92 x 74 cm

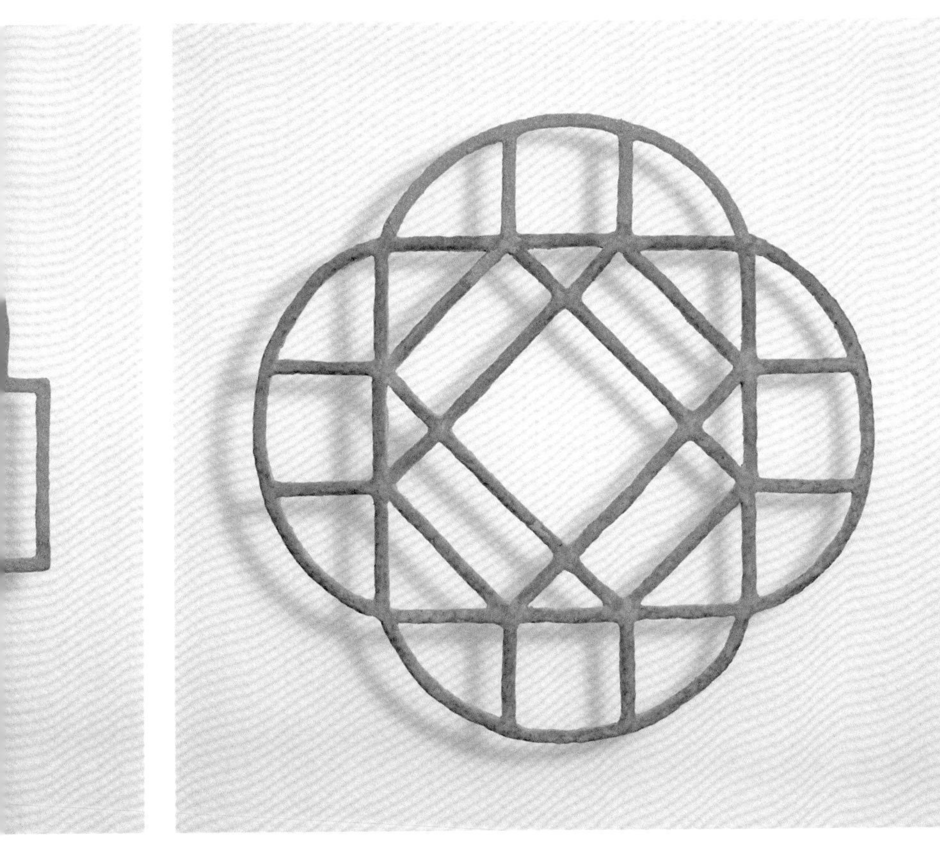
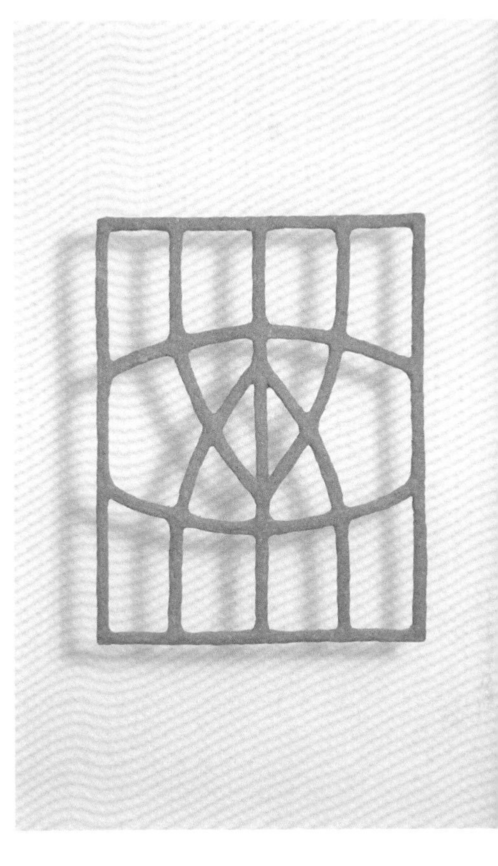

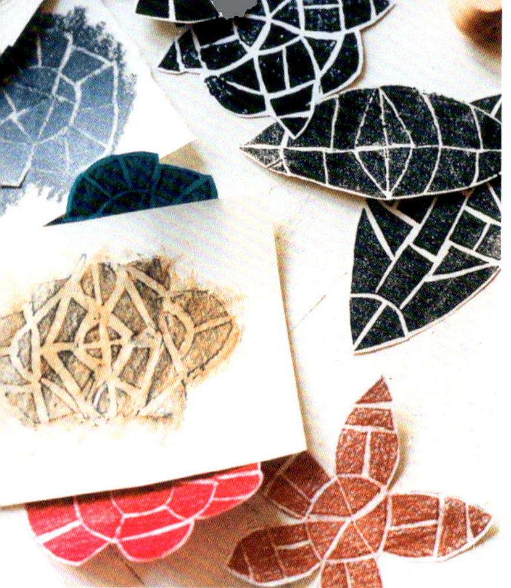

Am Arbeitsplatz | At Work, 1995

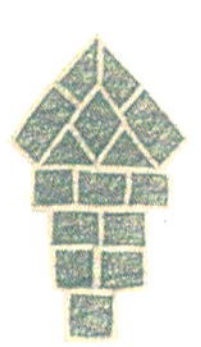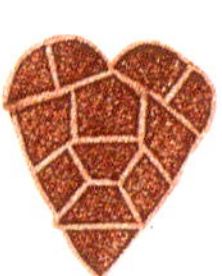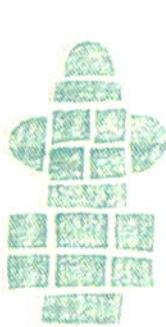

Kleine Leinwand-Siegel | *Little Seals on Canvas*, 1996,
Frottagen | frottages, 15 x 15 cm

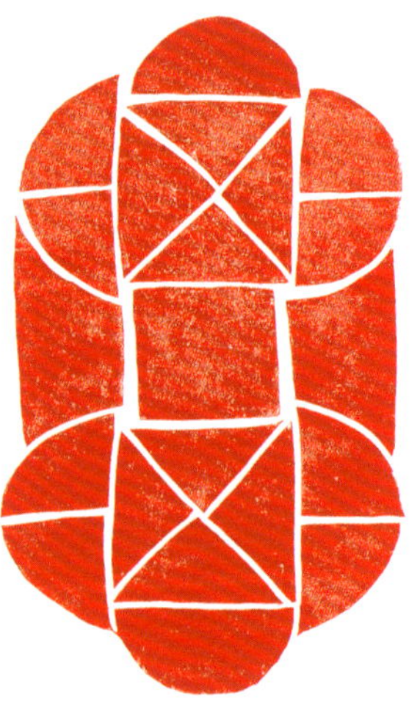

Rotes Siegel | *Red Seal*, 1996,
Linoldruck | linoleum print, 70 x 50 cm

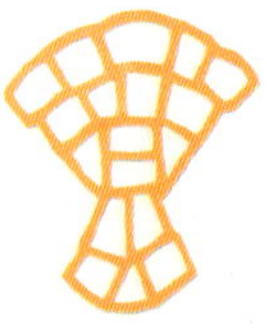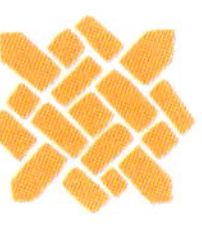

O. T. | *Untitled*, 1996, Vlies-Schnitte | fleece cuts, 30 x 30 cm

siegel_stationen

1995/1996

Beginn des Siegel-Projekts – **zeitbezogen**:
Im Jahresprojekt *365 + 1 Siegel* zeichnet Sabine Schellhorn ein Jahr lang täglich ein neues Siegel, welches sie in Linol schneidet und abdruckt. Dieser Siegel-Schatz ordnet jedem Jahres-Tag (Schaltjahr) ein Siegel zu und liefert eine Improvisationquelle für großformatige Linolschnitte und Siegelkombinationen.
Beginning of the seals project – **time-referenced**:
For the one-year project *365 + 1 Siegel* | *365 + 1 Seals*, Sabine Schellhorn draws a new seal every day throughout the year. These she cuts in lino and prints. The resulting collection of seals, one assigned to each day of the (leap) year, provides a wellspring for improvisation of large-format linocuts and seal combinations.

1997

Künstlerhaus-Stipendium des Landesverbandes Lippe und der Stadt Schieder-Schwalenberg:
Im Lipper Land verbringt die Künstlerin ein ganzes Jahr. Dem Künstlerhaus-Stipendium verdankt sie eine intensive Vertiefung des Siegelprojekts, sie setzt Siegel in weiteren Größen und Techniken um: Erste Vlies-Schnitte, temporäre Salzstreuungen und vor allem die großen Papierobjekte entstehen. Ihre *Siegel-Flaggen für Schwalenberg* schmücken einige Wochen die Altstadt. Im Rahmen des Stipendiums finden Ausstellungen im *Kreishaus Detmold* und im *Kunstverein Schwalenberg* statt. Im gleichen Jahr erhält sie den Kunstpreis der *Kunstwoche Neuenburg* zum Thema Papier: Sieben Tage wohnen und arbeiten die Preisträger vor Ort – mit der abschließenden Präsentation ihrer Werke. Sabine Schellhorn fertigt dort eine Reihe ihrer großen Siegel-Objekte aus Papier.

stations of the seals

Awarded the *Künstlerhaus-Stipendium* | Artists' House
Grant by the *Landesverband Lippe* | Lippe Cultural
Agency and the town of Schieder-Schwalenberg.
The artist spends a full year in the Lippe region.
Thanks to this grant she can pursue the seals project in
concentrated depth, executing seals of different sizes
in different techniques: the first fleece cuts, temporary
works in strewn salt and the large paper objects are
produced. For several weeks her *Siegel-Flaggen für
Schwalenberg* | Seal-Flags for Schwalenberg decorate
Schwalenberg's old town centre. Under the terms of
the grant, exhibitions are held at *Kreishaus Detmold* |
Detmold Civic Centre and the *Kunstverein Schwalen-
berg* | Schwalenberg Art Association. In the same year
she wins the *Kunstwoche Neuenburg* | Neuenburg Art
Week art prize on the theme of paper. The prizewinners
live and work in situ for seven days, culminating in a
presentation of their works. Sabine Schellhorn works
on a series of her large seal-objects in paper.

1998

Neben kleineren Ausstellungsaktivitäten nimmt Sabine
Schellhorn als Folge des Künstlerhaus-Stipendiums
Schwalenberg an einer Ausstellung in der *Parlamenta-
rischen Gesellschaft Bonn* teil. Im Mai 1998 kommt ihr
Sohn Daniel zur Welt.
Besides smaller exhibitions, as an outcome of the Lip-
pe grant Sabine Schellhorn takes part in an exhibition
at the *Parlamentarische Gesellschaft Bonn* | German
Parliamentary Society, Bonn. Her son Daniel is born in
May 1998.

1999

Die Beschäftigung mit Siegeln und Flaggen führt sie
zu ihrer Idee der *Kombi-Nationen*, dafür erhält sie den
Kunstpreis »Europa« der AR Aachener Land Süd.

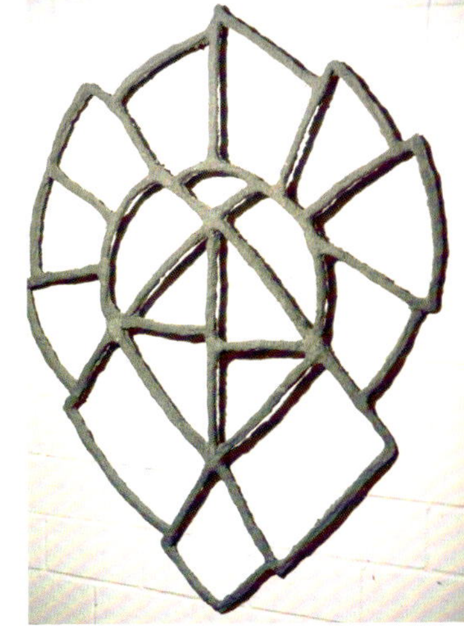

O. T. | *Untitled*, 1997,
Papierobjekt | paper object, 110 x 90 cm

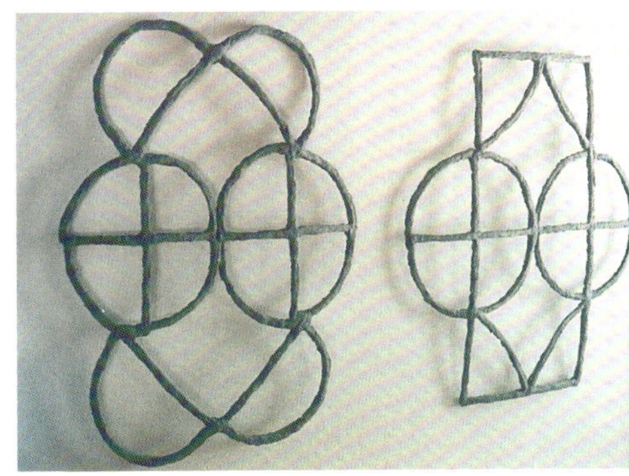

Fruchtbarkeits-Siegel | *Fertility Seals*, 1997,
Papierobjekte | paper objects, 100 x 80 cm

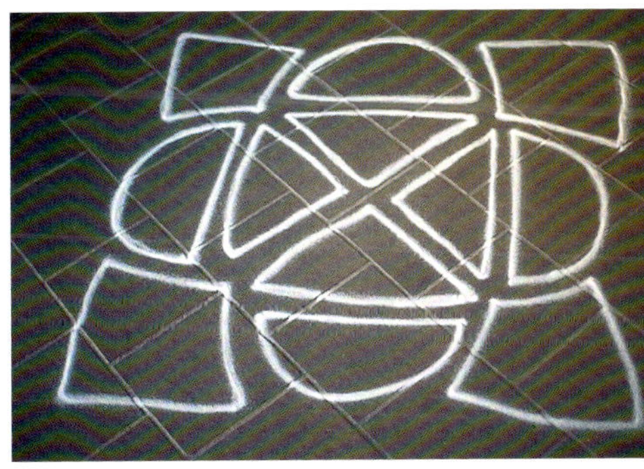

SalzSiegel | *Salt Seal*, 1997,
Salzstreuung | strewn salt, 250 x 250 cm

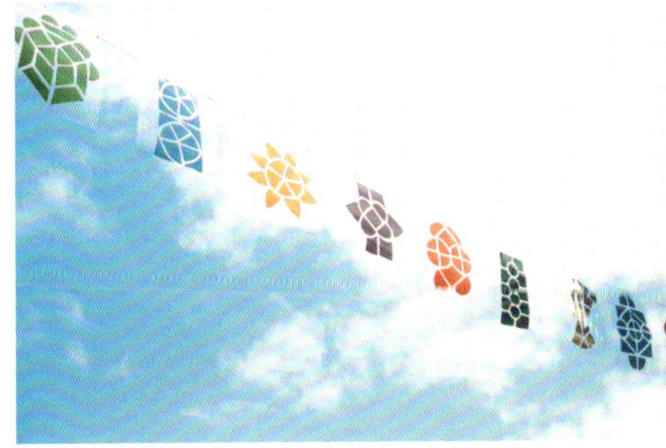

Siegel-Flaggen für Schwalenberg | *Seal-Flags for Schwalenberg*,
1997, Folienschnitt | film cut, 60 x 50 cm

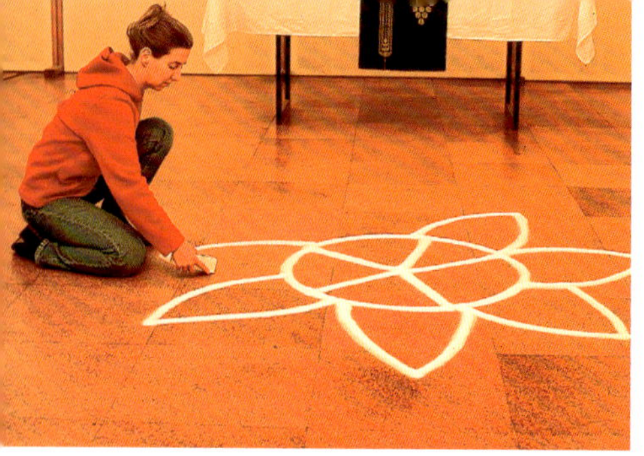

SalzSiegel | *Salt Seal*, 2000,
Salzstreuung | strewn salt, 250 x 250 cm

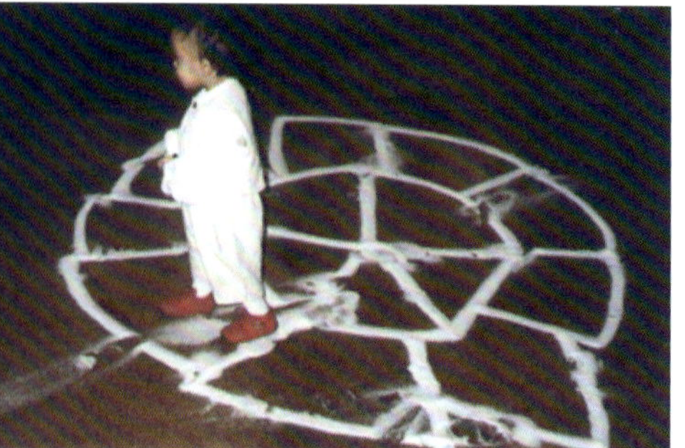

SalzSiegel | *Salt Seal*, 2000,
Salzstreuung | strewn salt, 260 x 240 cm

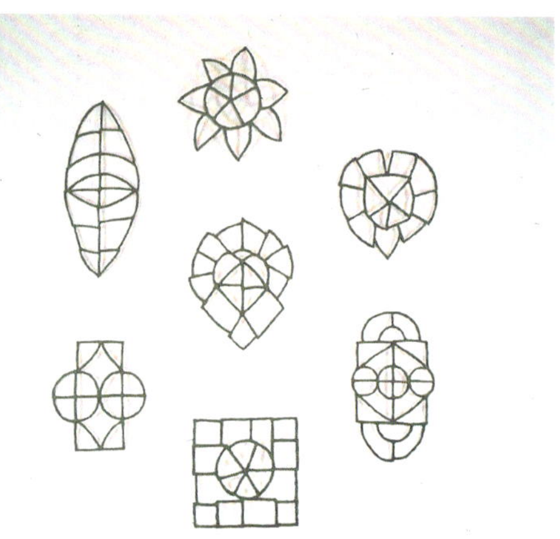

Sieben Siegel | *Seven Seals*, 2000,
Papierobjekte | paper objects, 100 x 80 cm

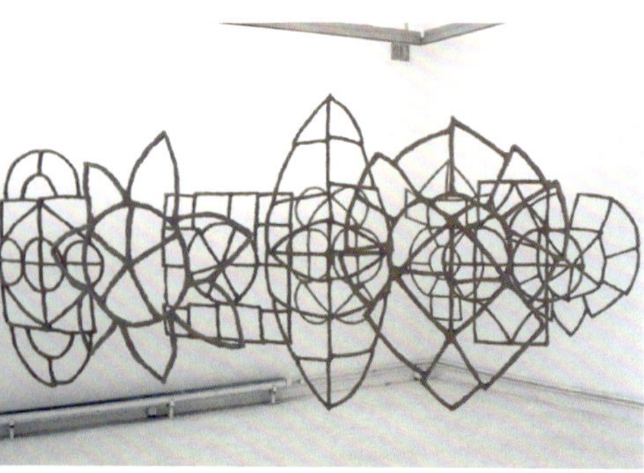

Siegel-Installation im Raum | *Seal Installation*, 2000,
Papierobjekte | paper objects, 100 x 80 cm

In der *Zentralstelle für die Glechberechtigung der Frau*
Bremen wird eine Serie neuer Vlies-Schnitte gezeigt.
Her interest in seals and flags leads her to the idea of
Kombi-Nationen | Combi-Nations for which the
AR Aachener Land Süd service station awards her its
"Europe" art prize. A series of new fleece cuts goes on
show at the Central Office to Promote Equal Opportuni-
ties for Women *(ZGF)* in Bremen.

2000

Kurz nach der Jahrtausendwende gibt es ein Doppel-
Fest: In der *Friedenskirche* Bremen wird die Ausstellung *Sieben Siegel* eröffnet und zugleich ein Tauf-
gottesdienst für Daniel, den Sohn der Künstlerin,
abgehalten. Im Mittelpunkt der Ausstellung stehen
die Formation von sieben großen Papierobjekten und
mehrere temporäre Salzstreuungen.
Die bisher umfangreichste Einzelausstellung mit dem
Siegel-Projekt in Bremen findet im Sommer in der
Galerie des *Atelierhofs* statt. Zu der Ausstellung erscheint der Katalog *SIEGEL*, Herausgeber: *Institut für
Lippische Landeskunde*. Die Arbeiten werden in einer
Folgeausstellung in der *Galerie 149* in Bremerhaven
präsentiert.

Shortly after the turn of the millennium there is a
double celebration: the exhibition *Sieben Siegel* | Seven
Seals opens at the *Friedenskirche* | Church of Peace in
Bremen and the artist's son Daniel is baptised there.
The centrepiece of the exhibition is the formation of
seven large paper objects and several temporary works
in strewn salt.
The seals project in Bremen, the most comprehensive
solo exhibition so far, takes place in the summer in the
gallery of the *Atelierhof* | Studio Courtyard. To accom-
pany the exhibition, the catalogue *SIEGEL* | SEALS is
published by the *Institut für Lippische Landeskunde* |
Lippe Institute for Regional Studies. The works are
subsequently exhibited at *Galerie 149* in Bremerhaven.

2001–2007

In diesen Jahren liegt der Schwerpunkt auf internationalen Präsentationen und Ausstellungs-Beteiligungen, sowohl mit den Siegeln als auch mit weiteren Kunstprojekten. Beim 5. Bremer *Kunstfrühling* ist Sabine Schellhorn mit einem Kooperationsprojekt im *Neuen Museum Weserburg* (Außenraum/Brücke) vertreten.

During these years the main emphasis is on international presentations and joint exhibitions, involving both the seals and other art projects. Sabine Schellhorn is represented at Bremen's fifth *Kunstfrühling* | Spring of Art with a cooperation project at the *Neues Museum Weserburg* | New Museum Weserburg, exhibiting on a bridge in an outdoor setting.

2008 /2009

Das Motto *Siegel für Orte – Orte für Siegel* wird neu aufgegriffen: Siegel 9 aus *365 + 1 Siegel* wird als sechs qm großes Häkelfeld in Filethäkelei umgesetzt, um es auf dem Wiesengelände der *Städtischen Galerie Halle* zur bundesweiten Ausschreibung *KunstOrtGarten* zu verorten. Die offenen Häkelfelder sind durchlässig für Licht und den sprießenden Rasen. Die Filethäkelei steht in Korrespondenz zur digitalen Welt. Das Rasterfeld – Filetfeld ist gefüllt oder nicht gefüllt, es heißt hier: Häkeln statt pixeln! Mit dem Projekt *Delta* nimmt Schellhorn im *Frauenmuseum Bonn* teil und hat eine Einzelausstellung im *nachtspeicher 23* Hamburg.

The motto *Seals for Places – Places for Seals* is taken up afresh: Seal 9 from *365 + 1 Seals* is executed in filet crochet as a six-square-metre field and located on the lawn outside the *Städtische Galerie Halle* | Halle Municipal Gallery for the national competition *KunstOrtGarten* | Art-Place-Garden. The unfilled crochet holes are permeable to light and to the regrowing lawn. Filet crochet stands in correspondence to the digital world, but here the grid with its filet holes filled or unfilled calls for crochet, not pixel art! Schellhorn exhibits her *Delta* project in a show at the *Frauenmuseum Bonn* | Bonn Women's Museum and has a solo exhibition at the *nachtspeicher 23* gallery, Hamburg.

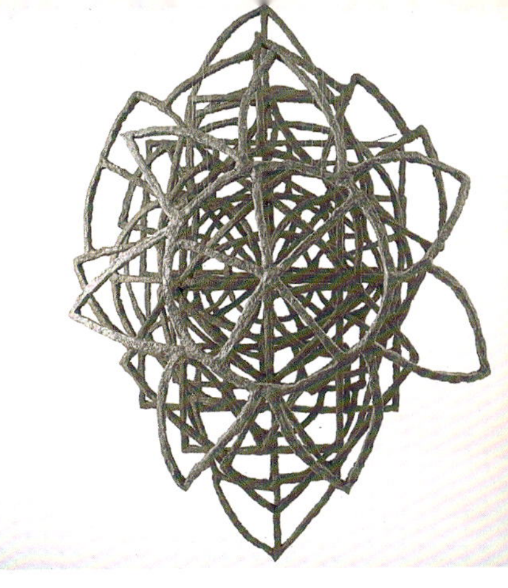

SiegelSchichtung | *Seal Stratification*, 2000,
Papierobjekte | paper objects, 130 x 110 x 200 cm

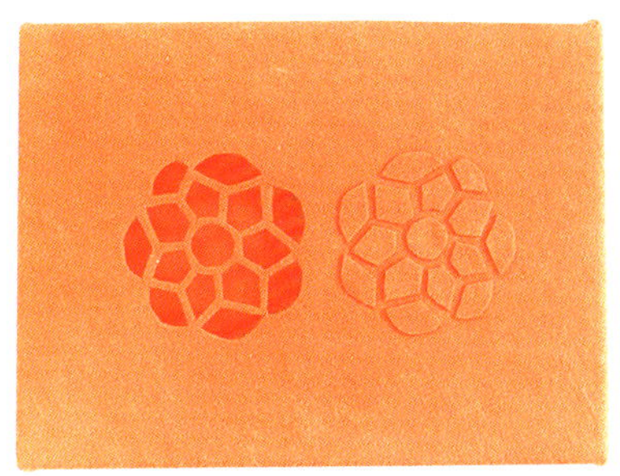

O. T. | *Untitled*, 1999,
Vlies-Schnitte | fleece cut, 20 x 28 cm

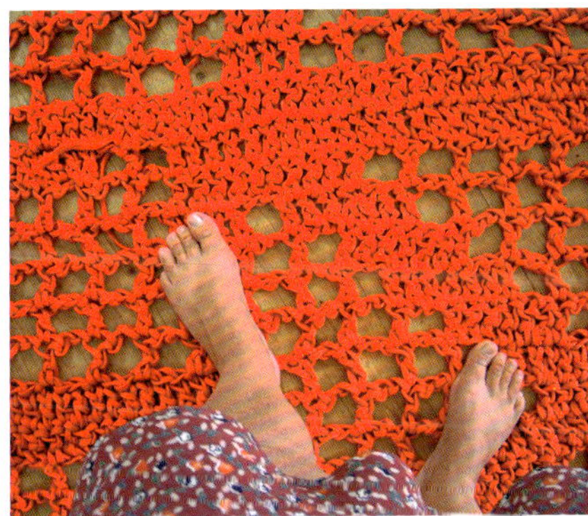

Häkelfeld Siegel 9 | *Crochet Field Seal 9*,
2008, 200 x 300 cm

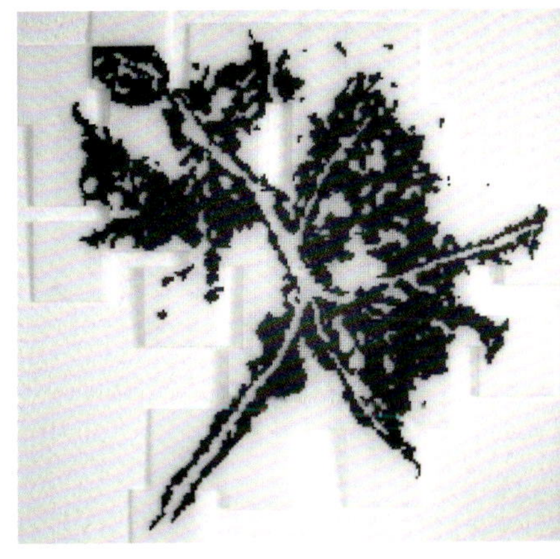

Delta 1 – Mississippi, 2008,
Ministeck, 93 x 92 cm

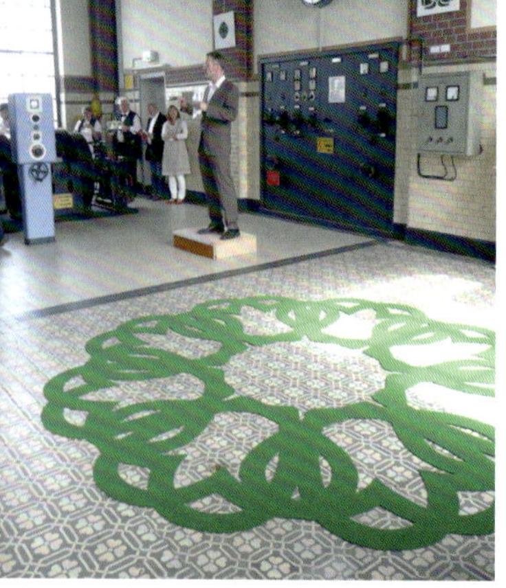

Rotationsherz 1 | Hearts Rotating 1, 2010,
Teppichcut | carpet cut, 300 x 300 cm

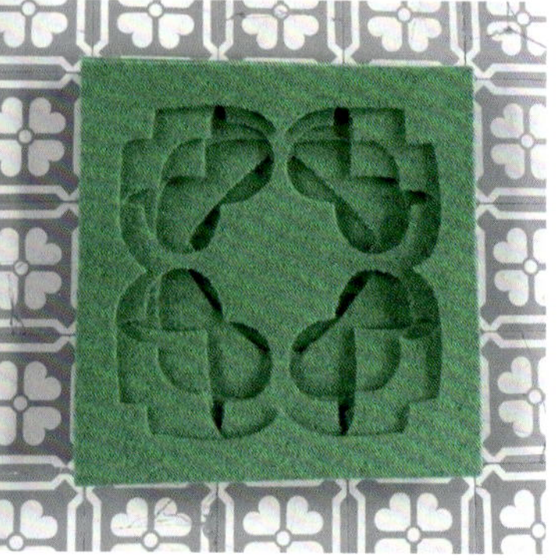

Herzschacht | Heart Shaft, 2010,
Teppichschnitt | carpet cut, 50 x 50 x 5 cm

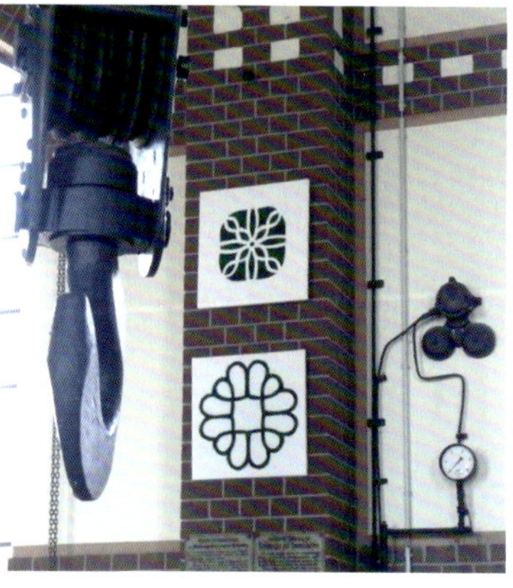

Aus der *Familie der HerzSiegel* | from *Family of Heart
Seals*, 2010, Teppichcut | carpet cut, 50 x 50 cm

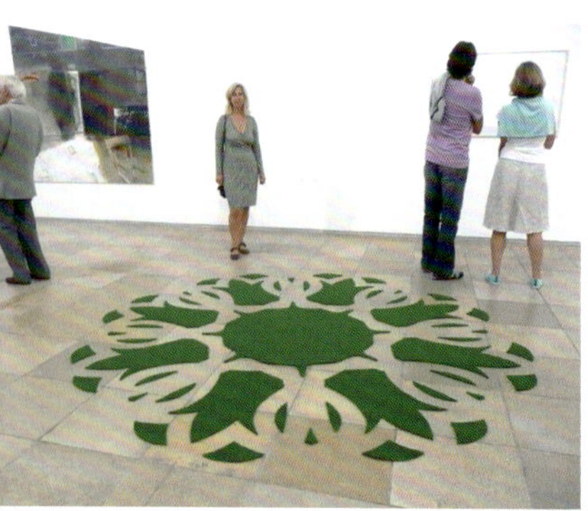

Rotationsherz 2 | Hearts Rotating 2, 2010,
Teppichschnitt | carpet cut, 300 x 300 cm

2010

Das Konzept der bisher zeitbezogenen Siegel aus dem
JahresProjekt wird erweitert auf die **ortsbezogenen
Siegel**, ein Beispiel findet man in der Korrespondenz
mit den Räumen des *Industriemuseums Rheinpreußen,
Schacht 4*. Dort entsteht die Familie der *HerzSiegel*. Die
Ornamentik des Bodens wird neu geordnet, Fragmente
zu neuen Mustern gefügt, in Kunst-Rasen geschnitten.
Nach dem Rotationsprinzip, welches die Förderräder
des Industriemuseums zitiert, formieren sich die
HerzSiegel.

Beteiligung an der *Großen Kunstausstellung im Haus
der Kunst München*: Die Arbeiten, die vom *Industriemuseum Rheinpreußen* inspiriert wurden, gehen mit
dem Ort *Haus der Kunst* eine neue Korrespondenz ein.
Zwei neun qm große Bodenarbeiten aus der Familie der
HerzSiegel (Kunstrasenschnitte) sind in München zu
sehen: *Rotationsherz 1 und 2 – Kunst-Rasen-Im-Haus.*

The concept of the seals, which were previously
time-referenced (days of the year), is extended to
place-referenced seals. An example is found in the
correspondence with spaces at the *Industriemuseum
Rheinpreußen, Schacht 4* | Industrial Museum Rhein-
preussen, Shaft 4. The *HerzSiegel* | Heart Seals family
is created there. The ornamentation of the floor is
reordered, and fragments arranged in new patterns,
cut in artificial turf. The heart seals are formed on the
rotation principle, referencing the conveyor wheels of
the industrial museum.

Participation in the *Grosse Kunstausstellung – Haus
der Kunst München* | Major Art Exhibition – Munich
House of Art: the works inspired by the *Industriemuseum Rheinpreußen* enter into correspondence with a
new place at the *Haus der Kunst München*. Two nine-
square-metre floor works from the Heart Seals family
(artificial turf cuts) are shown in Munich: *Rotations-
herz 1 und 2 – Kunst-Rasen-Im-Haus* | Hearts Rotating 1
and 2 – Artificial Turf in the House.

Erweiterung des Siegel-Projekts um **themenbezogene Siegel**. Die TagesSiegel aus *365 + 1 Siegel* werden im Kontext des *trauerraums* zu Lebenszeichen, die das Leben von Personen auf dieser Erde umrahmen. *Siegel-Zeichnungen im Raum* thematisieren das »Auf die Erde kommen« und das »Immateriell-werden«.

Die *Galerie Ohse* Bremen zeigt in ihrer Ausstellung *Kreuz + Kreuzigung* spätmoderne bis aktuelle künstlerische Positionen. Hierfür werden 12 neue KreuzSiegel in Schichtungen aus Lichtspeicherpapier geschnitten. Die ausnahmslose Gleichschenkligkeit der Kreuze betont die Aufhebung der Erdenschwere. Die Symbolik der Zahlen Drei, Zwölf plus Eins spielt hier und ebenso in der Projektion dieser 12 *LichtKreuzSiegel* in ihren 42 Erscheinungsformen eine Rolle.

Now the seals project is extended to include **theme-referenced seals**. In the context of the *mourning room*, the daily seals from *365 + 1 Siegel* become signs of life which frame the lives of people on this earth. *Seal Drawings in the Room* pick out the central themes of "Coming onto Earth" and "Becoming Immaterial". *Galerie Ohse* in Bremen shows late modern to contemporary artistic positions in its exhibition *Kreuz + Kreuzigung* | Cross + Crucifixion, for which 12 new cross-shaped seals were cut in stratifications of luminescent paper. The perfect uniformity of the crosses in all four directions emphasises the suspension of gravity. The symbolism of the numbers three, four, twelve plus one comes into play both here and in the projection of these 12 *Light Cross Seals* in 42 manifestations.

Auf der Künstlerplattform des 7. Bremer *Kunstfrüh-lings* werden die TagesSiegel des Eröffnungs- und Abschlusstages in überdimensionaler Filetstickerei installiert. Die ambivalente Funktion des Netzes im Raum wird thematisiert: Siegel im Netz [auf]gefangen.

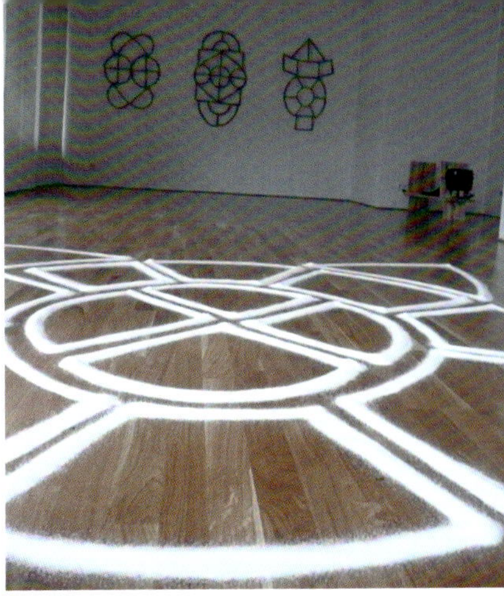

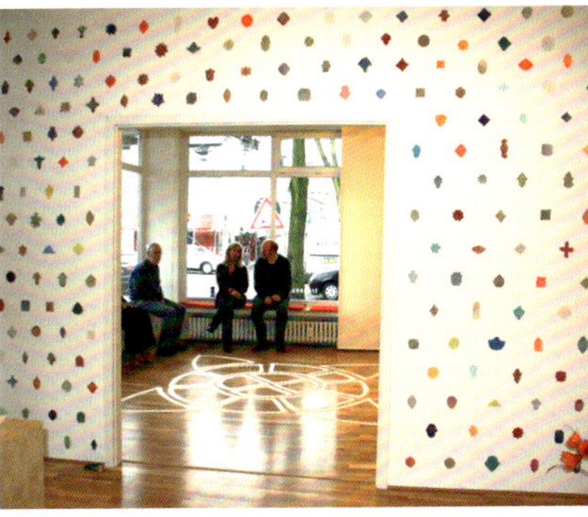

Ausstellung | exhibition: *SiegelZeichnungen im Raum* | *Seal Drawings in the Room*
trauerraum Bremen | mourning room Bremen, 2011

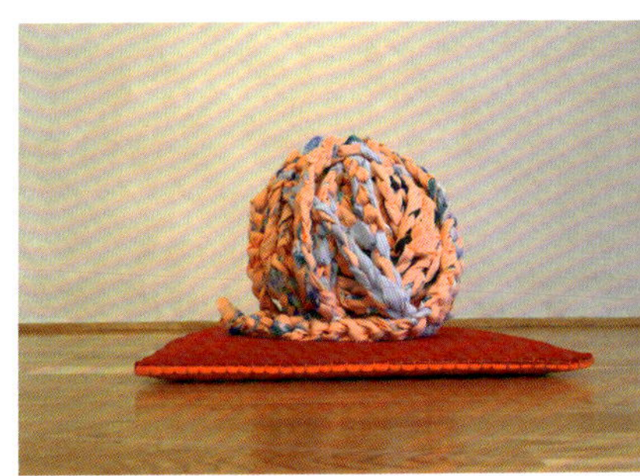

Häkelschnur für Todestagssiegel | Crochet cord for death day seal, 2011

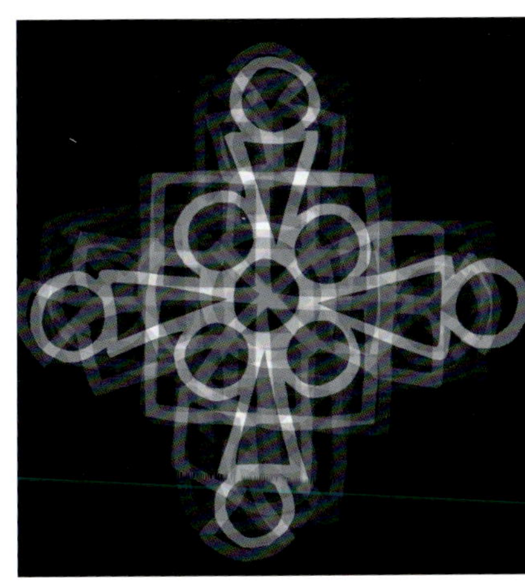

LichtKreuzSiegel | *Light Cross Seals*, 2011, Standbild aus der Filmprojektion | still from film projection

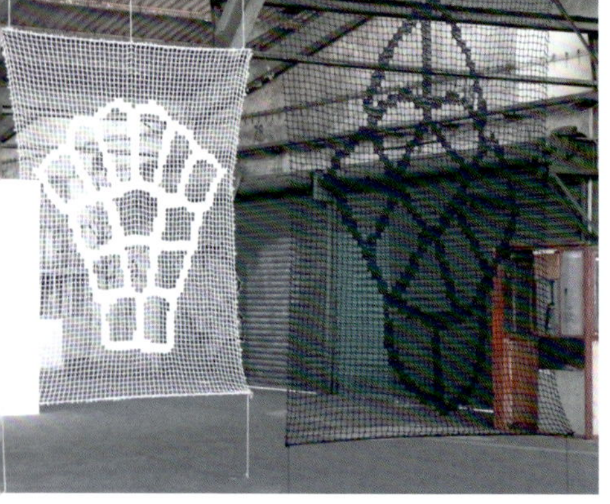

Siegel im Netz 1 und 2 | Seals in Net 1 and 2, 2011,
Filetstickerei | filet embroidery, 300 x 200 cm

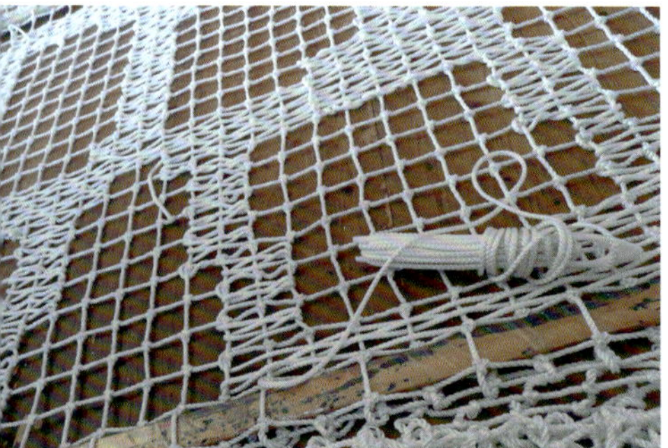

Siegel im Netz im Entstehungsprozess |
Seal in Net in process of creation

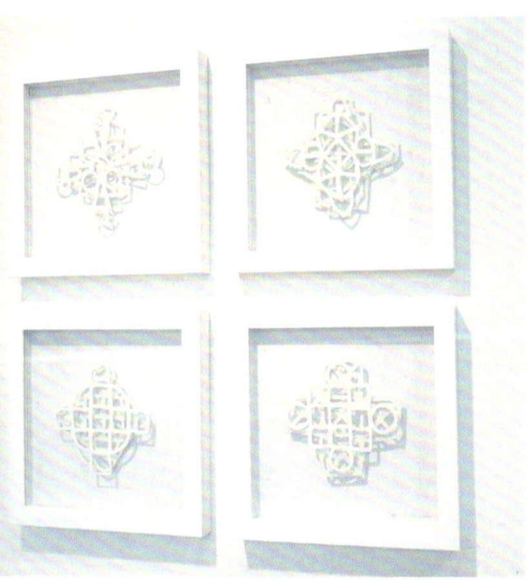

KreuzSiegel | Cross Seals, 2011, Lichtspeicherpapier-
Schnitt | luminescent paper cut, je | each 30 x 30 cm

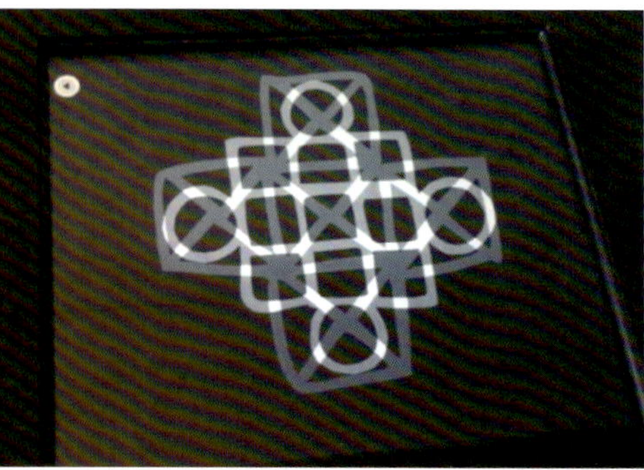

LichtKreuzSiegel | Light Cross Seal, 2012
Film in Computerstele | film on computerstele,
Diözesanmuseum Osnabrück

On the artists' platform of Bremen's seventh *Kunst-frühling* | Spring of Art, the daily seals from the opening and closing dates were installed in oversized filet crochet. Attention is called to the ambivalent function of the net in the room: is the net snaring or safeguarding the seal?

siegel_felder_knäuel_haufen – Sabine Schellhorn trifft André Schweers ist der Beginn eines Arbeitsdialogs zwischen Art-Verwandten. In der Galerie des *Künstlerhauses Goldstraße* in Duisburg startet die Ausstellungsreihe, die in den Folgejahren an verschiedenen Ausstellungsorten fortgesetzt wird.

siegel_felder_knäuel_haufen | seals_fields_knots_stacks – Sabine Schellhorn meets André Schweers is the beginning of a working dialogue between kindred artists. In the gallery of the *Künstlerhaus Goldstrasse* artists' house in Duisburg, an exhibition series is launched that will continue at different venues in subsequent years.

2012

Die KreuzSiegel wandern nun ins *Diözesanmuseum Osnabrück*, der Kreuz-Siegel-Film läuft hier nicht als Projektion, sondern auf zwei Computerstelen.

Es finden in der *Galerie Kramer* Bremen und im *Landesmuseum Detmold* themenbezogene Künstlerpaarprojekte innerhalb einer Künstlergruppe statt. Im Dialog mit der Autorin Inge Buck im Projekt *35-ster Spieltag* zu einem Heimspiel von Werder Bremen. In der Realisation dieses Projekts setzt Sabine Schellhorn alle drei Siegel-Gruppen ein, die Zeit-, Ort- und Themenorientierung überschneiden sich: Im Metier Fussball verbindet sie das Spieltags-Siegel mit dem Ort, dem grafisch interpretierten Spielfeld.

Im Landesmuseum Detmold setzen sich Elisabeth Brügger und Sabine Schellhorn das gemeinsame Thema *Wurzeln und Wachsen.* Hierfür stellt Sabine Schellhorn erstmalig Siegel-Arbeiten in Kombination mit der Themengruppe der Deltas aus.

Die *Deltas* bestücken im *Kunstverein Erlangen* eine Einzelausstellung in ihrer fränkischen Heimat. Mehrere Ausstellungsbeteiligungen, z. B. im *nwwk-Neuer Worpsweder Kunstverein*, in der *Galerie 149* in Bremerhaven und an der Jahresausstellung des Kunstvereins Erlangen im *Kunstpalais Stutterheim*, runden das Ausstellungsjahr ab.

Now the cross seals move to the *Diözesanmuseum Osnabrück* | Diocesan Museum Osnabrück, where the cross-seals film does not run as a projection but on two computer stelae.

The *Galerie Kramer* in Bremen and the *Landesmuseum Detmold* | Lippe State Museum, Detmold stage thematic projects between pairs of artists from two artists' groups: the artist engages in a dialogue with author Inge Buck for the project *35ster Spieltag* | 35th Match Day about a Werder Bremen home soccer match. In realising this project Schellhorn brings in all three groups of seals, overlapping references to times, places and themes. In the milieu of soccer she connects the match-day seal with the place, her graphic interpretation of the soccer pitch.

At the Landesmuseum Detmold, Elisabeth Brügger and Sabine Schellhorn tackle the joint theme *Wurzeln und Wachsen* | Rooting and Growing. For the first time Sabine Schellhorn creates seal-artworks linked with the thematic complex of deltas.

The *Deltas* are the subject of a solo exhibition at *Kunstverein Erlangen* | Erlangen Art Association in the artist's home region of Franconia. The year is rounded off with contributions to several exhibitions including *nwwk - Neuer Worpsweder Kunstverein* | Contemporary Art Association, *Galerie 149* in Bremerhaven, and the Kunstverein Erlangen annual exhibition at the *Kunstpalais Stutterheim* | Stutterheim Palace of Art, all in Germany.

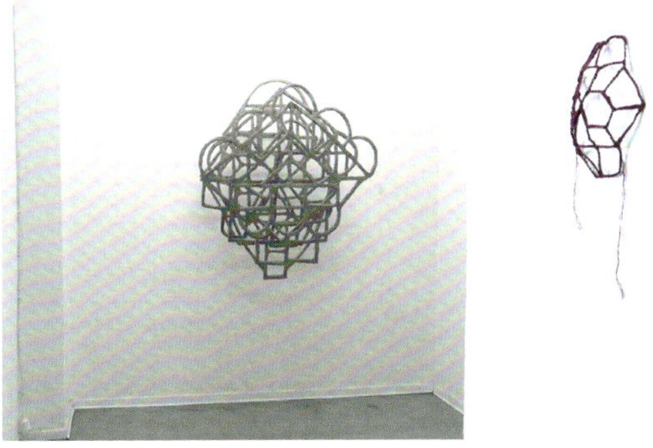

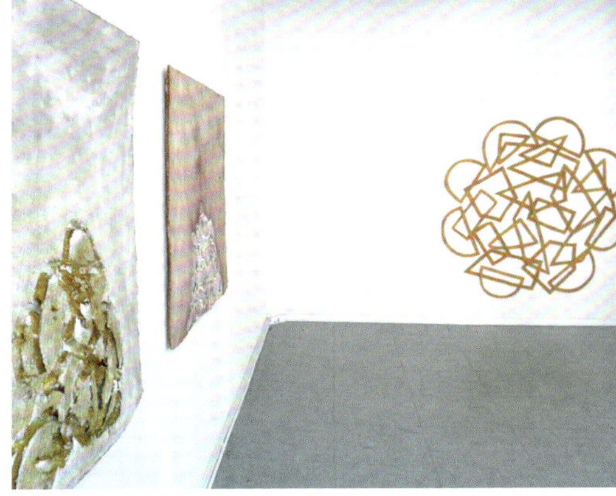

Galerie Künstlerhaus Goldstraße, Duisburg 2011, Sabine Schellhorn trifft | meets André Schweers, links | left Schweers: *Knäuel, groß* | *Twined Ball, Large*; *Haufen 1* | *Heap 1*

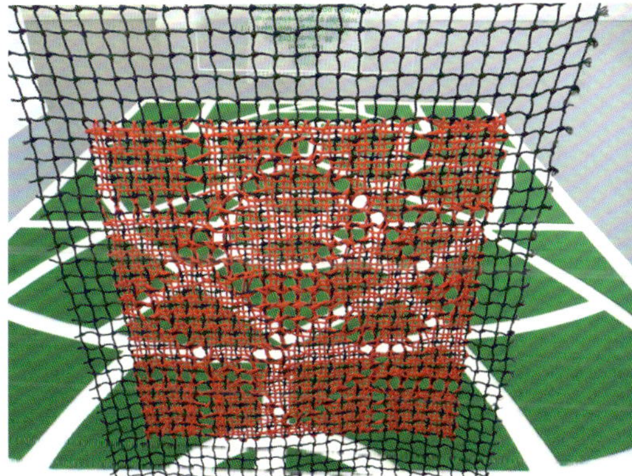

Projekt zum 35-sten Spieltag mit | 35th Match Day Project with Inge Buck, Galerie Kramer 2012

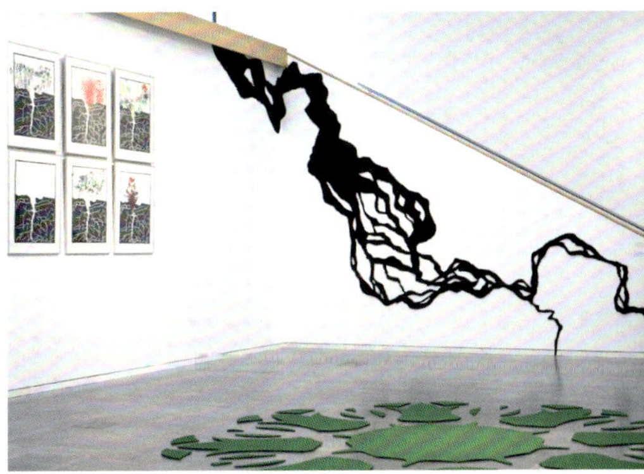

Wurzeln und Wachsen | Rooting and Growing mit | with Elisabeth Brügger Landesmuseum Detmold, 2012, links | left Druckgrafik von | prints by Brügger: *The Year 2012*

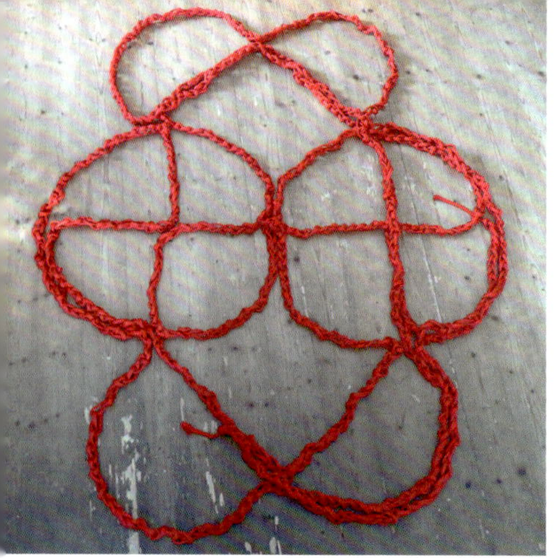

Siegel 110 als Häkelschnur | *Seal 110* as crochet cord,
2011, 200 x 120 cm

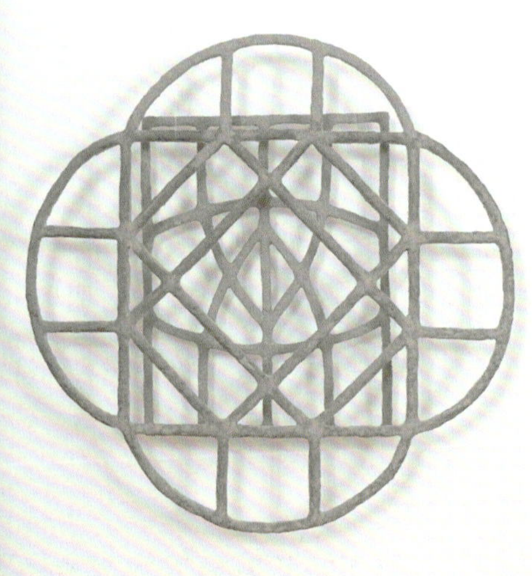

aus *Siegel für den Pavillon* | from *Seals for the Pavilion*,
2013, 2 Papierobjekte | 2 paper objects, 140 x 140 cm

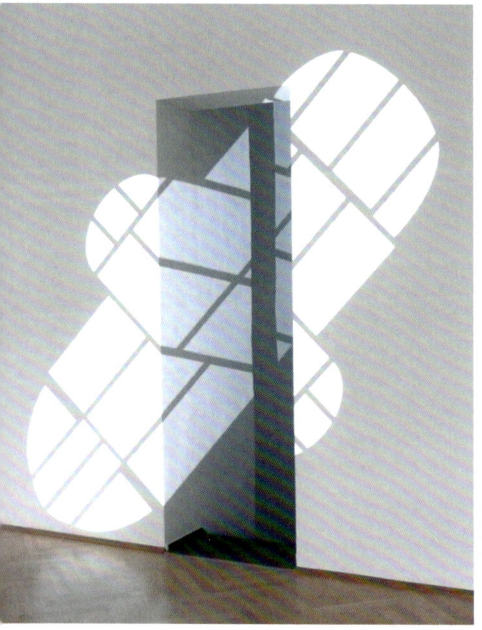

LichtfeldSiegel für den Pavillon | *Light-Field Seals for the
Pavilion*, Projektion | projection, 2013

2013

Eine Gruppe von Siegeln wird für den *Pavillon des
Gerhard-Marcks-Hauses* Bremen entwickelt, die sich
auf die Formalien des Gebäudes, im Speziellen auf die
Fensterflächen und -rahmen bezieht. Die Ausstellung
ist Anlass für das Erscheinen dieses Katalogs, das
Projekt wird im ersten Teil des Katalogs ausführlich
geschildert.

Ausblick in das weitere Jahr:
Zur Themenausstellung *Weiss-Grau* der *Galerie Ohse*
Bremen werden eine Siegel-Schichtung aus Papier-
objekten zu wichtigen Tagesanlässen der Galeriege-
schichte erarbeitet und ortsbezogene Folienzeichnun-
gen in einer Fensterfront installiert.
Der Werkdialog *Sabine Schellhorn trifft André Schweers*
wird seine Fortsetzung im *Emschertalmuseum*, in der
Städtischen Galerie Herne nehmen.
Im Künstlerdialog mit dem Bildhauer Uwe Spieker-
mann wird ein Raumkonzept für den *BBK:ruhm* in
Hannover entwickelt.
Außerdem ist Sabine Schellhorn zum *André-Edvard-
Preis* der *kunsthalle messmer* in Riegel nominiert.

A group of seals is developed for the *Pavilion of the Gerhard Marcks Haus*, Bremen relating to formal elements of the building, specifically the window areas and frames. This catalogue is published to mark that exhibition: the first section of the catalogue documents this project in detail.

Outlook for the year:
For the thematic exhibition *Weiss-Grau* | White-Grey at *Galerie Ohse* in Bremen, a seal-stratification of paper objects commemorating important dates in the gallery's history will be developed, and place-referenced film drawings installed in a window façade.
The working dialogue *Sabine Schellhorn meets André Schweers* will continue in the *Emschertal-Museum* at the *Städtische Galerie* | Municipal Gallery in Herne.
In an artists' dialogue with the sculptor Uwe Spie-kermann a spatial concept will be developed for the *BBK:ruhm* exhibition space in Hannover.
Sabine Schellhorn has also been nominated for the *André-Edvard Prize* of the *kunsthalle messmer* | mess-mer art museum in Riegel.

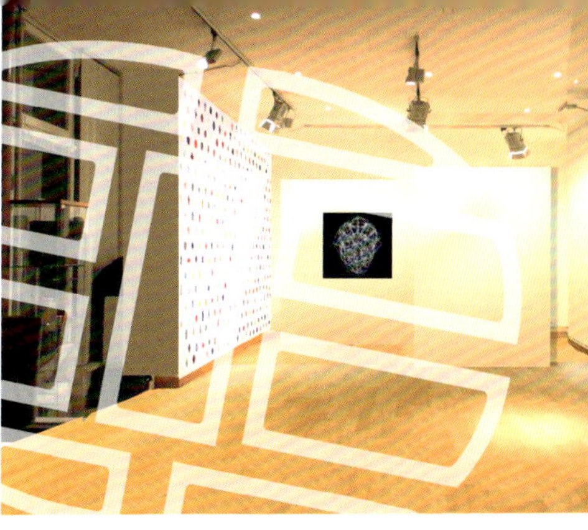

Ideenskizze Rauminstallation | idea for installation, BBK:ruhm Hannover

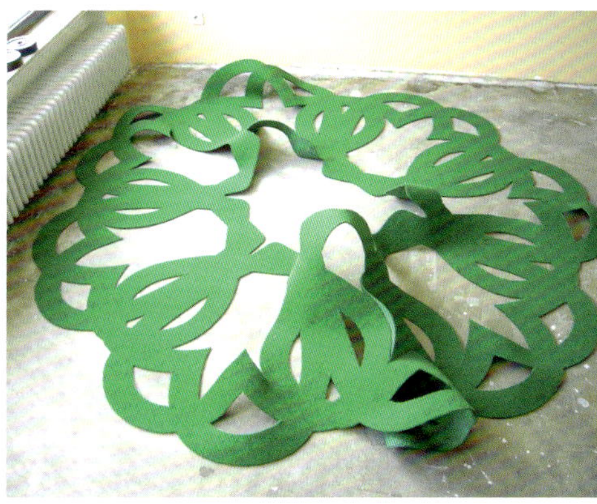

Rotationsherz 1 in Bewegung | *Hearts Rotating 1* in motion

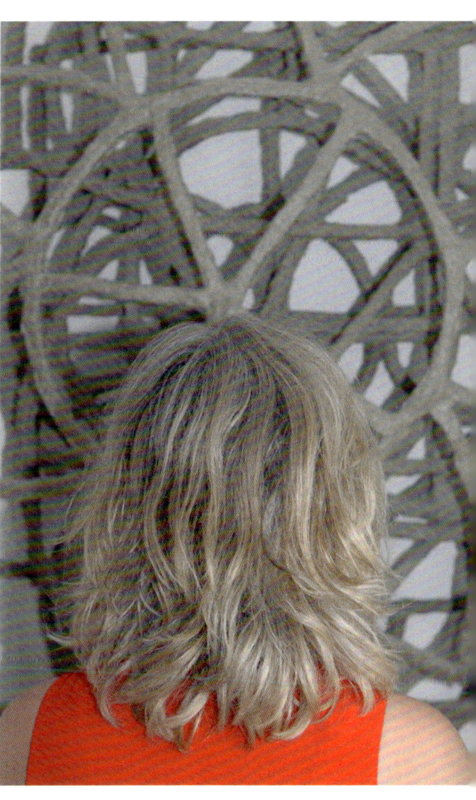

Die Künstlerin vor einer SiegelSchichtung | The artist in front of a seal stratification

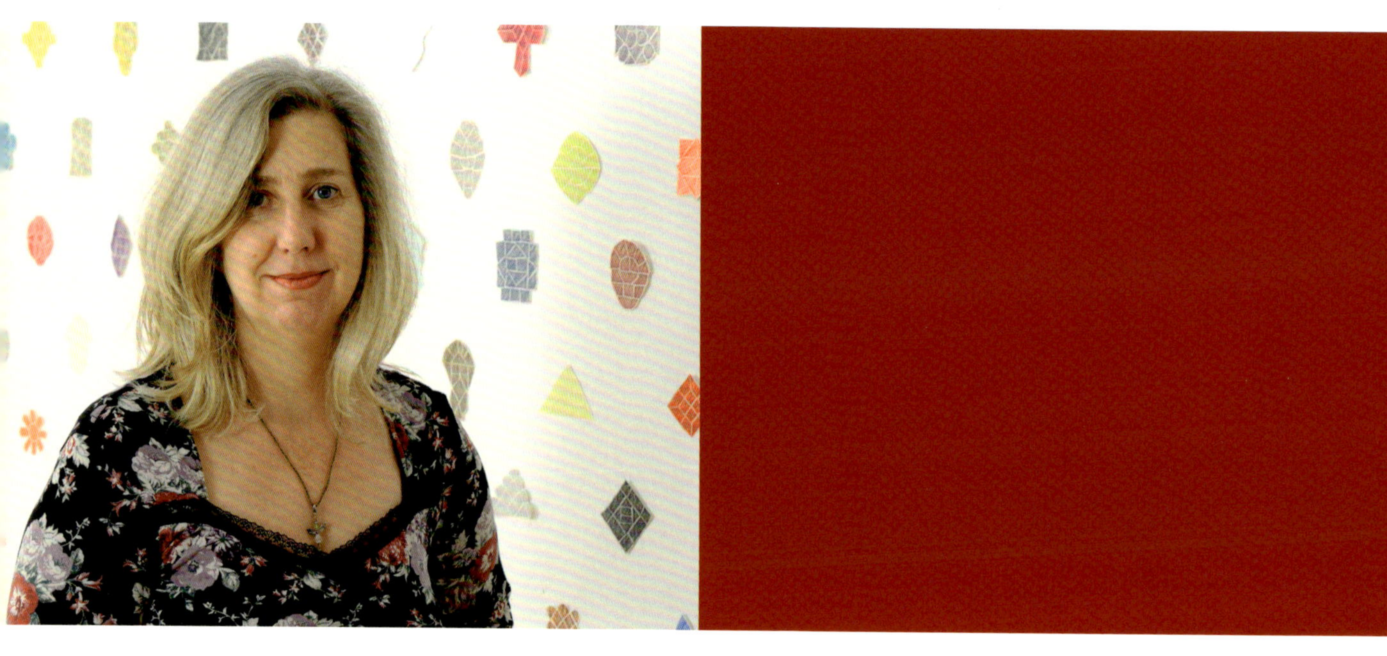

Das Wechselspiel zwischen kontextbezogener Ideenfindung und der entsprechenden haptischen Umsetzung kennzeichnet das Wesen meiner Arbeit.
Für den Betrachter ist meine Kunst gleichermaßen sowohl vor dem konzeptionellen Hintergrund als auch durch die sinnliche Wahrnehmung zu begreifen.

The essence of my work is characterised by an interplay between context-related idea-finding and the corresponding haptic realisation.
For the viewer my art can be understood both through sensory perception and from its conceptual background in equal measure.

sabine scheLLhorn

1962	geboren in Coburg	born in Coburg, Germany
	lebt und arbeitet	lives and works in Bremen, Germany
1998	Geburt des Sohnes	birth of son Daniel

1983	Abschluss Druckvorlagenherstellerin	qualified as Lithographer, IHK Coburg, Germany
1991	Diplomabschluss Bildende Kunst	degree in Fine Art, FH Ottersberg, Germany
2007	Abschluss Mediendesignerin	qualified as Media Designer, IHK Bremen, Germany

Auszeichnungen | Awards

Künstlerhaus-Stipendium Schwalenberg, Germany

Kunstpreis der Kunstwoche Neuenburg, Germany

Kunstpreis »Europa«, AR Aachener Land, Germany

EinzeLaussteLLungen | SoLo Exhibitions

1993	Galerie Café Grün, Bremen, Germany
1994	Galerie Seestr. 19, Plön, Germany
1995	Galerie im Medienhaus, Bremen, Germany
1997	Kreishaus Detmold, Germany
1997	Pin, Bremen, Germany
1999	ZGF, Bremen, Germany
1999	AR Aachener Land Süd, Germany
2000	Friedenskirche, Bremen, Germany
2000	Atelierhof-Galerie, Bremen, Germany (K)
2000	Galerie 149, Bremerhaven, Germany
2002	Casa Vita, Bremen, Germany
2002	Galerie Chrämai, Anduze, Frankreich	France
2007	Vogelaar & Partner, Moers, Germany
2009	nachtspeicher 23, Hamburg, Germany
2011	trauerraum, Bremen, Germany
2011	Galerie im Künstlerhaus Goldstraße, Duisburg (mit | with André Schweers), Germany
2012	Kunstverein Erlangen, Germany (K)
2013	Emschertal-Museum, Städtische Galerie Herne (mit | with André Schweers), Germany
2013	BBK:ruhm Hannover (mit with Uwe Spiekermann), Germany
2013	Gerhard-Marcks-Haus, Pavillon, Bremen, Germany (K)

1989/91	Kunstverein Coburg, Germany
1991	Kunst-Studienstätte Ottersberg/Diplomausstellung, Germany
1994	Haus der Kunst, München	Munich
1995	Galerie Smend, Köln	Cologne
1997	Kunstverein Schwalenberg, Germany
1997	Fluchtzeiten-Projekt im öffentichen Raum, Bremen, Germany
1998	Article, Köln	Cologne
1998	Parlamentarische Gesellschaft Bonn, Germany
1998	Galerie Pro Art, Bremen, Germany
1999	Galerie im Medienhaus, Bremen, Germany
2000	Jahresausstellung BBK, Bremen, Germany
2001	Grafisches Kabinett, Marien-KH, Papenburg, Germany
2002	Arté Nîm, Nîmes, Frankreich	France
2002	Art Twente, Hengelo, Niederlande	The Netherlands
2003	Holland Art Fair, Den Haag, Niederlande	The Netherlands
2004	Galerie Linnenberg, Bruchhausen-Vilsen, Germany
2005	5. Bremer Kunstfrühling, Neues Museum Weserburg, Germany (K)
2006	Galerie Chrämai, Standort Hamburg, Germany
2007	Galerie 149, Bremerhaven, Germany
2008	Kulturkirche St. Stephani, Bremen, Germany
2008	Städtische Galerie Halle/Westfalen, Germany
2008	Frauenmuseum Bonn, Germany (K)
2009	Kunsthalle Mannheim, bei »Vitales Archiv/Sandra Kuhne«, Germany
2010	Schacht IV, Industriemuseum Rheinpreußen, Germany (K)
2010	Große Kunstausstellung, Haus der Kunst, München	Munich (K)
2011	Galerie Ohse, Bremen, Kreuzausstellung, Germany
2011	7. Bremer Kunstfrühling, Künstlerplattform, Germany (K)
2012	Diözesanmuseum Osnabrück, Kreuzausstellung, Germany
2012	Galerie Kramer, 35ster Spieltag, Bremen, Germany (K)
2012	Lippisches Landesmuseum, Detmold, Germany (K)
2012	Galerie 149, Bremerhaven, Germany
2012	nwwk, Neuer Worspweder Kunstverein, Germany
2012	Kunstpalais Stutterheim, Städtische Galerie Erlangen, Germany
2013	Galerie Ohse, Bremen, Germany
2013	messmer kunsthalle, Nominierung André-Edvard-Preis, Riegel, Germany

(K) = Katalog | catalogue

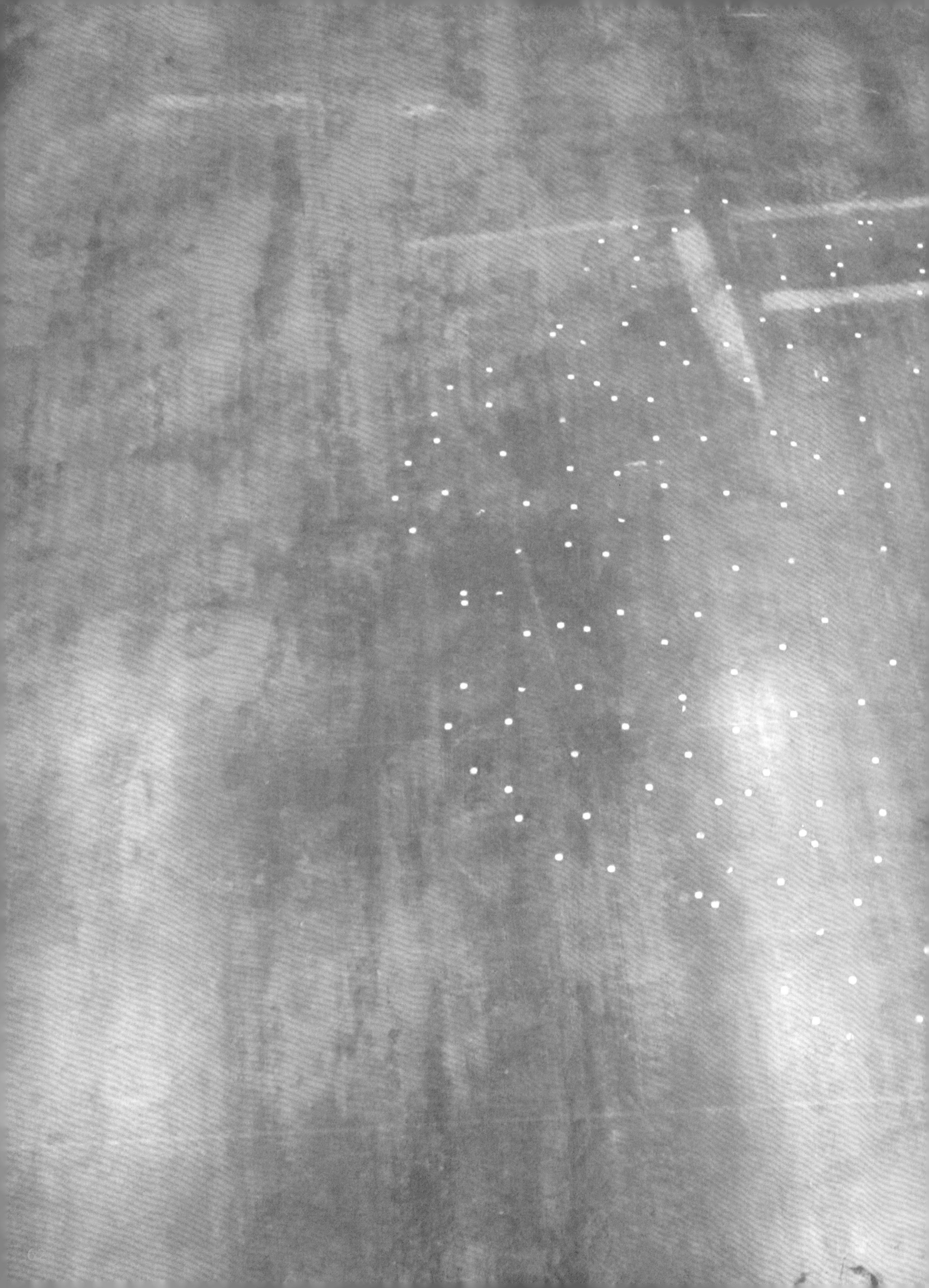

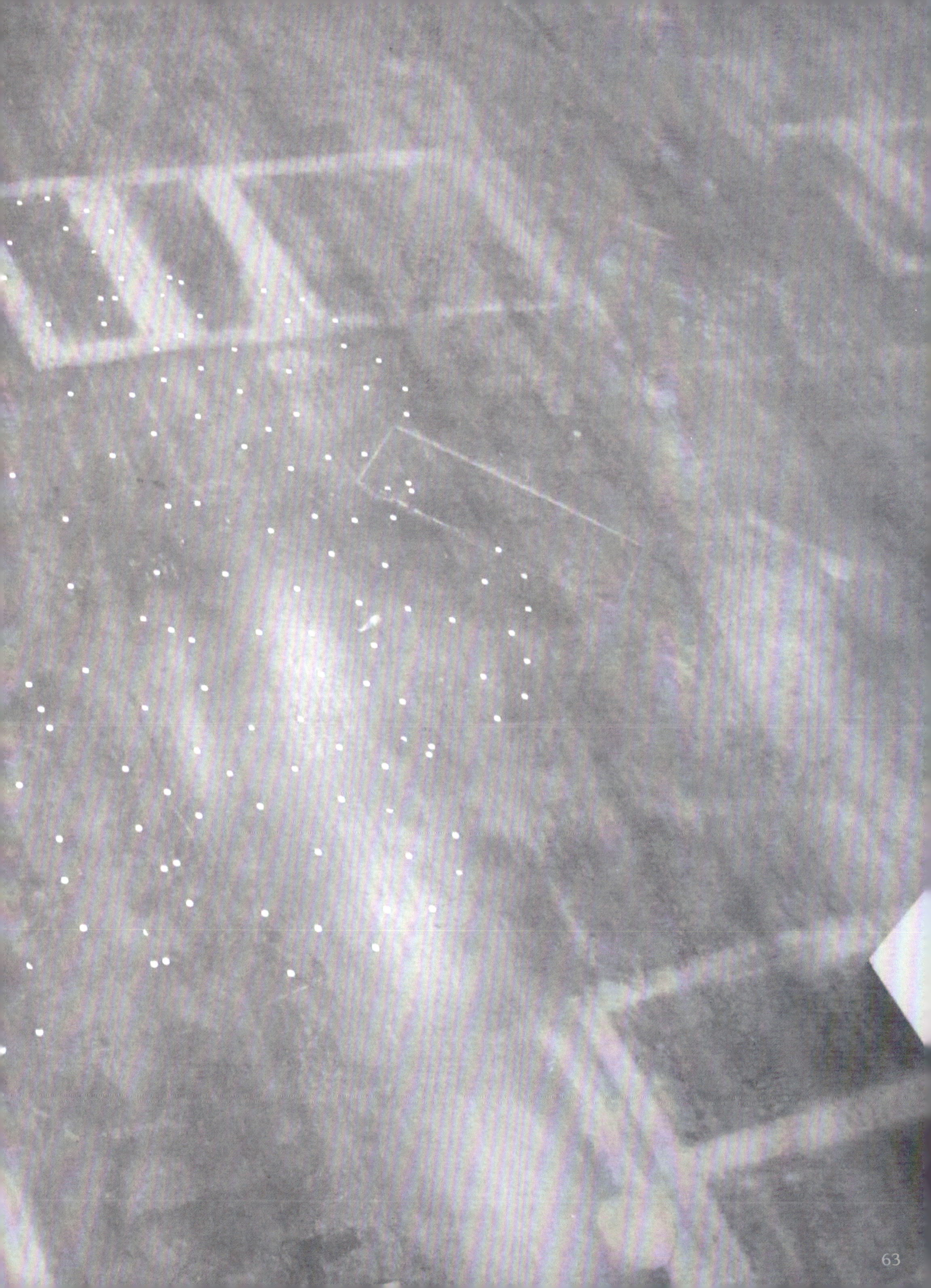

Impressum | Colophon

Verlag | Publisher
DIE NEUE SACHLICHKEIT – CH. SCHROER GmbH
www.neue-sachlichkeit.com

Copyright
Sabine Schellhorn, CH. SCHROER GmbH,
und die Verfasser | and the authors
wie folgt | as follows:

© abgebildete Werke | reproduced works
VG Bild-Kunst, Bonn 2013

Gestaltung | Graphic design
Sabine Schellhorn
Schrift | font: Eidetic Neo

Fotografie | Photography
Norbert A. Müller, Bremen: Cover & Seiten |
pages 2/3, 7, 18, 19, 45, 46, 47, 50 unten | bottom,
51 oben | top, 56 Mitte | centre, 58
Diane Welke, Bonn: Seite | page 57 unten | bottom
übrige | all others : Sabine Schellhorn

Einführung | Essay
Das Ganze ist mehr als die Summe einzelner Teile |
The whole is more than the sum of the individual parts
Dr. Yvette Deseyve
Kustodin Gerhard-Marcks-Haus, Bremen

Quellennachweis | Citation
* Zitat Seite 5: Aristoteles, Metaphysik 1041 b 10, VII.
Buch, Z. | English quote p. 9, own translation from
German text of Aristotle's Metaphysics as cited above.

Übersetzung | Translation
Deborah Shannon, Academic Text & Translation,
Norwich, UK

Lektorat deutscher Text | German proofreading
Nele Al-Osman, Text & Korrektur, Bremen

*Druck und Bindung – gesponsert |
Printing, bookbinding – sponsorship*
Druckerei Girzig+Gottschalk GmbH, Bremen
Nieth Buchbinderei GmbH, Syke-Heiligenfelde
Auflage | edition of 500
Papier | paper LuxoSatin

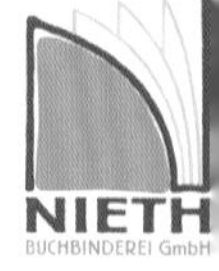

Dank | Thanks
Ein herzlicher Dank geht an das Team und den
Freundeskreis des Gerhard-Marcks-Hauses,
an die Freunde der Siegel-Werke und an alle weiteren
Beteiligten, die mit ihrer Unterstützung zur Realisation
der Ausstellung und des Katalogs beigetragen haben.
Sincere thanks to the team and the friends association
of the Gerhard Marcks Haus, to the friends of the seal-
works, and to everyone else whose combined support
made it possible to realise the exhibition and the
catalogue.

*Bibliografische Information der Deutschen
Nationalbibliothek | Bibliographical Information*
Die Deutsche Nationalbibliothek verzeichnet diese Pu-
blikation in der Deutschen Nationalbibliografie; detail-
lierte bibliografische Daten sind im Internet abrufbar
über | detailed bibliographical data online at:
http://dnb.dnb.de

ISBN: 978-3-942139-46-5

Weitere Abbildungen | additional illustrations

Cover
SiegelSchichtung | Seal Stratification, 2011,
Papierobjekte | paper objects, 120 x 110 x 120 cm

S. | p. 2-3
365 + 1 Siegel | 365 + 1 Seals, 1995/96
Frottagen und Prägedrucke vom Linolschnitt |
Frottages and embossed prints from linocut

S. | p. 62-63
Spuren nach dem Abbau von Rotationsherz 2 |
Traces left by Hearts Rotating 2 after removal
Landesmuseum Detmold, 2012